我的父親

丘孔生 編著

傳記叢刊

文史哲出版社印行

國家圖書館出版品預行編目資料

我的父親 / 丘孔生編著.-- 初版.-- 臺北市：
文史哲，民 104.01
頁；　公分（傳記叢刊；15）
ISBN 978-986-314-232-4（平裝）

1.丘中煥 2.臺灣傳記

783.3886　　　103026570

傳記叢刊　15

我的父親

編著者：丘孔生
出版者：文史哲出版社
http:// www.lapen.com.tw
e-mail：lapen@ms74.hinet.net
登記證字號：行政院新聞局版臺業字五三三七號
發行人：彭正雄
發行所：文史哲出版社
印刷者：文史哲出版社
臺北市羅斯福路一段七十二巷四號
郵政劃撥帳號：一六一八〇一七五
電話886-2-23511028・傳真886-2-23965656

實價新臺幣二四〇元

中華民國一〇四年（2015）一月初版

ISBN 978-986-314-232-4　　78815

一、

踏遍三江過萬巒，奔馳豈計路漫漫
揮戈東指長披甲，躍馬南潯不卸鞍
且把兵經容蠹蛀，留將寶劍倚欄看
漢陽昔日凌絕頂，此節登高步履難

二、

歸田三老昔殊途，茶話投機罄一壺
說古論今辨曲直，橫車躍馬決贏輸
研修各異專雖別，所見相同道不孤
咫尺天涯非共處，重陽未與折茱萸

——父親詩

序

父親的榮耀

丘孔生

前些日子，整理父親生前遺物，無意中翻閱到父親記載有關軍旅轉戰的文稿，整個經歷過程是按年序追憶記述，甚爲詳細。尤其手繪戰略地形，及謀略計劃，所標記時間、地點精確明瞭，雖年日久遠，父親卻記憶猶新。

父親，丘中煥，廣東鬱南人，早年從軍報國，從抗日到剿匪不曾中斷，南征北伐，參與戰役無數，做子女的卻一直不曾聽父親談過他的戰史。原來文稿中有段提及，若軍中戰友在沙場上負傷遣返，待療傷痊癒後，再被派往下一戰場，繼續奮戰，有些戰友慶幸戰勝歸來，但下次戰役結束後，卻再也不見著他們的身影了，輕描淡寫，卻令我動容；至於征戰各處，翻山越嶺，長途跋涉，而飢寒交迫難以成眠自不在話下。

閱畢父親文稿，我腦海裡浮現一段記錄片，記述諾曼地登陸前，有位戰地記者訪問即赴戰場的美國大兵：「你目前心情如何？」大兵淡然回應：「我若慶幸活著回來，但會再度派往另一戰場。」我再次翻開手中捧著的父親遺稿，不禁讓我悚然心驚。父親單是對日抗戰就有：王錢宅之役、馬鹿鎮之役、徐公之役、湯水之役、南京突圍之役…共十七次戰役，而戡亂剿匪有：北山之役、南山之役、上龍之役、赤水之役…共十三次戰役，烽火連天，橫屍遍野的場景彷彿影片呈現歷歷在目。

在槍林彈雨中活著回來，意味著再投入下一戰場，直到戰死沙場爲止，戰爭何其殘酷，不曾經歷戰爭的我難以想像父親一而再，再而三地投入戰場，當時是懷著何等心情呢？

我輕輕將手稿合起，內心驚恐的情緒卻經幾翻起伏轉折，萬般沈重，待緩緩平息後，卻有了異樣的感覺，深知父親百戰沙場而存活下來，真是上帝的恩典，心中不只是滿懷感恩的喜悅和驕傲，更是對父親的尊敬和深深的思念。

我的父親

目次

9 圖 片

由左至右：聖生（前者)、孔生、憲德、祁生、佩德、健生、永生。

父親民國七十八年台中書法展留影

左圖：父母親民國七十一年台中居家。
下圖：母親在中山公園演示外丹功。

左圖：父親民國七十六年台中練太極劍。
下圖：父親民國八十年台中居家。

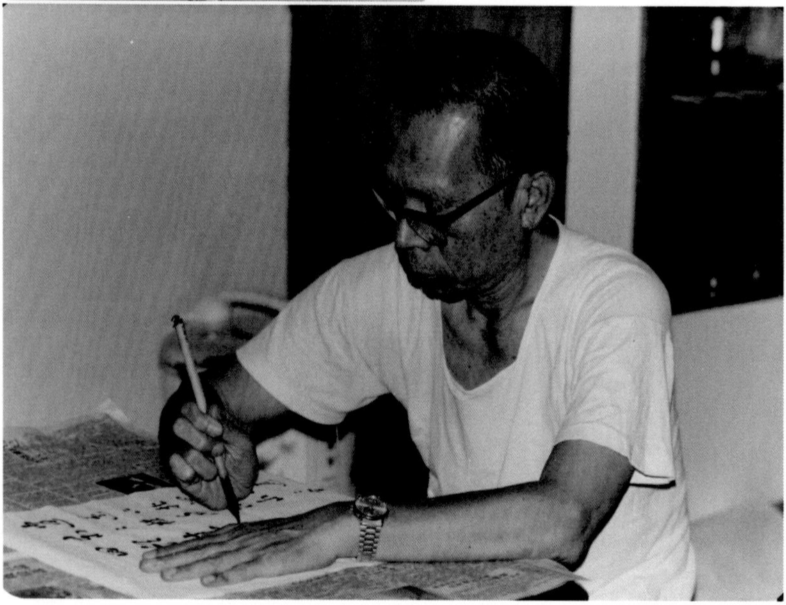

右圖：民國三十六年冬 攝於廣東新會。
左圖：父親民國廿七年夏 攝於江西南昌。
下圖：父母親攝民國三十一年新婚後。

我的父親

我父親是位平凡的人，但對我們的家人卻是位不平凡的人。

父親辭世前在善化和我們生活了幾年，平日晨起，打太極拳或舞太極劍，閒時看詩詞、練書法、話家常，生活極爲規律。

有時震亞放學，書包一丟，找爺爺下棋去，震亞興緻高昂，愈戰愈勇。看祖孫你來我往，神情專注，令我感動，而感動是看著父親慈祥寬厚，耐著性子半下棋半指導著，一副祖孫情的溫馨畫面呈現眼前。

美鑾餐後，總會和父親閒聊，言談間，處處表露出對長者的體諒和尊重。幾年後父親因覺得身體漸弱而前往當醫生的四弟家住，離開前告訴我說，他這段日子真得謝謝美鑾，聽後心中不由升起一股莫名的思緒，照顧父母是件幸福的事。

與父親同居住時，偶爾半夜從父親房間傳來唉哼聲或叫聲，聲音不大，卻略帶深沈和不安，這情況我在麻豆居住時曾聽過，母親和藹地告訴我，父親有時會做惡夢。

支援淞滬戰　遭日兵伏擊

民國二十六年八月，日軍發動侵華戰爭，陸海空傾巢而出，轟炸南京，直取淞滬，父親當時任職連附，同年十一月，奉命前往支援，而此時淞滬之戰，一直處在膠著狀態已有兩個多月了。

十一月已是秋末時分，落葉紛飛，寒風陣陣，所到荒野之處，顯得一片蕭瑟。

部隊行經崑山已近黃昏，天色漸暗，於是下令稍息片刻，十來分後前哨來報，前方不遠處，有多輛蓬車停滯不前，待部隊趕往查看，車體彈痕纍纍，車內士兵個個身穿大衣，抱槍作倚睡狀，欲探究竟，當手輕輕碰觸，卻紛紛倒下，早已中彈身亡。

父親下得車來，正和設營指揮官研判之際，突聞機槍聲大作，子彈咻咻聲從四面八方擦身而過，中彈士兵唉聲此起彼落，想必已遭日軍先遣部隊中途伏擊。

夜黑風高敵情難辨，指揮官一時無從調度，士兵死傷枕藉，潰不成軍，真是淒慘的一夜。

無外援之下，父親當機立斷，帶領設營官兵急速離開，向北行趕往京滬鐵路方向前進，唯地形河流交錯，必得游過三處小河方可抵達對面鐵路。

北方十一月天，河水冰涼，透人心扉，暗夜深沈，寒風呼呼，面對滾滾河水，沒有回頭餘地。

因寒凍不堪，只好身著棉衣褲下水，游起來雖是吃力，但非難事，不多時來到了對岸鐵軌坡地，可一身棉衣褲浸泡河中，已吸足了水份，雖用盡了力氣，卻百般沈重，正當一沈一浮之際，幸好一五九師警戒兵巡視經過，驗明身份才放下步槍一個個拖拉上岸，陸陸續續收容了二十多位同袍。

黑夜中，回首望去，在微弱的月光下，砲火隆隆，爆出點點花火，崑山被炸得支離破碎，慘不忍睹。

父親帶領連上士兵繼續往蘇州轉進歸隊，等候另項新任務。

嚴肅背後 關愛的溫柔

我讀小學成績奇差無比，當時父親來台任職警界，每次看到我拿回的成績單，就一臉嚴肅，久久不發一語，但在父親的眼神可看出，他是多麼希望我下次成績有進步呀！

當我初一讀完，從下營初中以第一名插班進入南縣第一流的曾文中學時，有次父親和朋友閒聊，朋友問起我讀那所學校，我當時可第一次見著父親，在平日嚴肅的臉龐上漾出驕傲神情，之後還曾微笑對我說：「大器晚成呀！」懵懂的我只有傻笑，多年後每每想起，對我的包容、寬厚，讓我有所體會，在父親的心裡對我的期待其實一直沒有放棄。

初中二年級，我因鼻竇炎在台南空軍醫院開刀，父親卻在百忙之中請假陪我，手術後，我勉強睜開腫脹的雙眼，見著父親早就守候在旁看顧著我，「還痛嗎？」這是我小時和父親最親近的時刻了。

三天後，紗布得從我鼻腔拉出，只覺拉出的紗布很長很長，只覺醫師很用力很用力的拉，我眼淚一顆顆滑下，但我瞧見父親滿面愁容，似比我更痛苦，事後說起我，當時竟然痛得不哼一聲，語氣中百般憐惜，其實父親在軍人剛毅的個性裡，有他細膩溫柔一面。

湯水之戰　一片火海

同年十一月下旬，父親受命兼程開拔入南京，戍守外圍湯山和青龍之間。

十二月四日我軍在湯水正面迎敵。

天才破曉，敵機已在上空猛烈轟炸，當時淞滬戰場，四面平曠無險可守，又日軍陸海空三軍火力全開，我軍部隊猶如陷入一片火海，亦殊死奮戰，而一眼望去海面砲火連天，盪起道道水柱，火舌四散，燒出半邊天。

清晨打到中午，午後砲擊聲，機槍聲，也時斷時續，隔日更是雙方持續激戰十四小時，由清晨打到黃昏。

九日晚父親奉命進南京城，陣地交由友軍接手繼續奮戰。進得城來，觀察研判，情勢並不樂觀，除紫金山之教導總隊素質和裝備精良外，其餘部隊皆因久戰疲憊不堪，裝備亦殘破不全，毫無有利條件可言，並且江陰砲台淪陷後，敵艦已長驅直入浦江以西，而死守孤城非長遠計，父親認爲南京乃我首都，一切聽命主帥，若必堅守願和宗廟共存亡。

十月十二日，經兩日來各將領頻頻開會，最後作了決定—突圍。

那凹疤的印記

小時住在花蓮時，父親出外服勤總騎著老爺腳踏車各處奔波，有次回來內衣已是濕透了，母親另拿件內衣給父親更換，當父親褪下內衣時，我見著父親腰際有道深凹疤痕，我默然，但心緒卻起伏著，孩子的好奇總按捺不住多時，母親不經意提起：「每到冬天，疼痛偶爾會發作」，事隔多年，這句話在幼小心靈留下深刻的印記，有時想想兄姊忙他們的課業，而弟妹又太小，略爲懂事的我在那段日子較常在父母身邊，有些家事較爲清楚吧！

突圍整編

民國二十六年十二月中旬，南京已被日軍包圍了，情勢變化的太快了，想突圍歸隊必困難重重，爲了生存只能一搏，整師必得入夜越過蘇皖邊界而往安徽休寧集結整編。

已是入冬時節，部隊摸黑前進，而先頭部隊在黑夜中頻頻觸發地雷，炸聲中血肉橫飛，寒風裡深感悽慘；部隊行行復行行，終於到達徽州，士兵卻稀稀落落，不久來報父親本旅旅長負傷後送，而隨身傳達士亦失散，整個指揮系統爲之停擺，且對敵情、地形不甚明瞭，只好下令士兵化整爲零各自回總部歸隊。

走過死蔭谷的一道光

父親僅身懷委員長贈送的短劍，離開交通要道繼續前行。不多時來到眼前一道波狀旱地，有點高度，必得翻越才行，當爬上坡地身處在稜線上時，雖月亮初升，亮光微弱，但身子卻格外顯著，正當滾翻過去，說時遲那時快，但聽子彈咻一聲擊中大腿，應聲滾落原地動彈不得，遠處正巧第二梯次突圍部隊通過時，與日軍正面交火，機槍密集掃射，隨之哀聲連連，片刻後一片沈寂。

查看大腿，血慢慢滲出，但不覺疼痛，頭略感昏沈，意識還算清醒，當試著翻身，卻傳來步履聲，越來越近，自忖既無武器又無力抵抗，而當時身著皮大衣和沾滿大片污血的棉衣褲，靜靜躺著，不容思考，兩名日兵已來到跟前，其中一名日兵用腳踢開父親鋼盔，順手用刀狠狠地刺向父親左腰間，不放心再補一刀刺向父親的左肩，極度狡猾的日本鬼子，又拿手電筒照了照，見無反應，認定已死亡，在走前還不忘拿走父親身上的掛錶及香煙，蹦出幾句日語揚長而去。

血泌泌地流著，鮮血蓋上了污血逐漸漫延開來，或許衣服穿得較多，或許刺刀未開口，真感謝上蒼能死裡逃生。

我常想，一個能死裡逃生的人，又有何大風大浪不可面對的呢？同樣地，寬厚、慈愛、憐憫的美好特質也早無形中蘊涵在父親的人格裡了。

而父親就這樣地靜候著，約莫零晨兩點時分才試著用力撐起身子，隨手拿起荷蘭豆園裡的竹支架當拐杖慢慢前行，行至百餘公尺處，見著一位陣亡戰友，拿起他身旁白朗寧輕機槍，彈夾尚有十發子彈可用。

仗雖小　卻俐落痛快

行沒多久，又聞槍聲大作，登上坡地伏身探頭望去，二里處小村莊旁，有座泥磚砌成的碉樓，日軍蹲靠樓頂斷斷續續地掃射著，而此時我軍竟圍困一處找不著出路，毫無反擊之力，一時死傷慘重，父親有了手上這挺機槍，見此場面何敢怠慢，對準碉樓上晃動的日軍，扣扳機，十顆子彈一發而盡，霎時連牆帶瓦應聲垮下，友軍趁機蜂擁而上直搗敵軍後方砲兵陣地，手榴彈炸得夜空道道閃光，騾馬也嘶鳴不已。

父親拖著受傷的身子不覺來到紫金山麓，天已破曉，漸露曙光，適逢此地本軍團高級幹部正在收容散兵二百餘人，略加整編後，向天王寺方向繼續突圍前進。

有情有義

整編部隊裡遇著連上隨從副官和炊事兵，他們看見父親渾身鮮血，大爲吃驚，當父親說明原委，已漸感暈眩不適了。炊事兵忙說「您稍坐休息，我找個門板抬您走！」說畢轉身急去，父親忙擺手示意「不用理我，我自有辦法，繼續突圍要緊，路途還遙遠，我不能拖累你們」，終因父親的一再堅持，他們倆百般不捨，屢屢回顧，黯然離去，此般患難中的情義令人動容，一別隔山岳，人生際遇或許也只有這次了。

荒郊野外，草枯樹黃，伴隨著的是涼風的寒意和堅強的毅力，父親向著山上小路蹣跚獨行。

負傷苦行

抬頭望天，夕陽西沈，天色將暗，山區小路凹凸不平。不覺來到一間山寮草屋，雜亂破舊，看似已荒廢多時，父親坐落牆角，掏出身上僅有的一瓶飲生水用的藥片和銀元大的指南針，可急救包卻遍尋不著，傷口一時無法敷藥消毒，經此長途跋涉，已是渾身疲憊，一時忘了傷痛，在昏沈中睡去。

翌晨醒來，似乎恢復了大半元氣，山腳下卻傳來馬蹄聲和斷斷續續幾發冷槍，想必敵軍正在四處搜索我軍散兵，好一網打盡。因日軍就在附近不遠，太危險了，父親只好起身速速離去。

深入山區一里處，在荒煙蔓草中，有座廢置重機槍戰壕，下方有個狹窄小窗口，父親拖著身子鑽了進去，跌落地面，藉著射入的微光，看清壕內四壁竟是鋼鐵打造，想到多日突圍逃難，如今流落至此，心想身處鐵棺之中，倒也不致暴屍野外，不由啞然失笑，父親於是坦然自在過了一晚。

隔天太陽依然東升，不覺已是十二月十五日了，大清早在冷風中倍感飢寒，父親佇立壕外，霧氣在空中飄盪，望著大好河山，卻有遺世孤寂之感。

不多時，寧靜的天空，在西北方，煙火緩緩升起，枯枝荒草被燒得發出嗶嗶剝剝的響聲，日本鬼子懷疑山上有潛藏的國軍，對其造成威脅又無暇入山搜索，竟然想出縱火燒山的鬼主意，因天乾地燥，火苗迅速漫延著，火勢順著風向往這邊迫近，父親對著江山凝視片刻，轉身向著鎮江華山緩緩離去。

二天沒進食了

走了十里路，已近正午，路過一貧困人家，瞧見一家七口正席地用餐，碗盛的是綠豆混著米飯，父親至此已是飢腸轆轆了，百般無奈：「我兩天沒進食了！」其中有位中年人開口了：「我們也是難民，只能給你一碗飯。」在此艱苦困境，他還能分出一碗飯來，雖區區一小碗，已是他竭盡所能的付出了，父親吃在口裡，甜在心底，他們內心充滿了良善和憐憫，真令人感動，父親一再謝過，才感恩離開。

來到鄰近村莊，巧遇一位曾在軍中任職的中年人，見著父親帶傷勞頓奔波，深表同情：「一看便知中央軍，行動諸多不便，快換下衣服吧！」棉衣褲和皮大衣一一褪下，而大腿傷口暫時凝結，血也止住了。

此時已是入冬了，雪花紛飛，寒氣逼人，這中年人給父親換了件破舊便褲和單薄袍子，而裡面僅著染有血跡的衛生衣，卻面對寒風刺骨的隆冬，在外奔波，肉體的承受是何等的考驗呀！

父親的剛毅、堅忍、謙卑、憐憫成就了他往後多次的戰役，也塑造了父親令人尊敬的人格特質。

愛的天使

父親理過髮，敷過傷之後，又得趕路。

渴的時候，喝的是摻消毒藥片的生水，餓的時候，吃的是善心村民招待的粗米飯，但有一餐沒一餐的，累了，就野宿稻草棚或民房灶前的地板，豆籐爲墊，稻草爲被。有時披星載月，日行二十里，若前不著村後不著店，父親仍得繼續趕路。

如此行來已過五日，途中遇著一位同師團的張排長，猶如他鄉遇故知，備感親切欣慰。

據聞此去約三十里，在華山上有我（66）參謀處長正在陸續收容著散兵，約有四五佰人，張排長邀父親一同前往，父親深覺行動不便，怕拖累別人，催促排長自行前去，「我身上有些錢，並且結伴而行有個照應，」張排長說得心誠意決，父親也就不再推辭了。

過後三天已是十二月下旬了，借宿民家過夜的當晚，父親傷口發炎，全身發燒燙熱，昏沈中再勸張排長先走，語氣微弱：「真的會拖累你，你先走吧！」排長堅持不答應，守候在旁，熱心照顧著父親。

張排長彷彿是上帝派來的天使，忠義、慈悲又有憐憫；上帝也隱然看見了父親多次在苦難中依然爲他人著想的心意，在父親和張排長身上彰顯了上帝的愛。愛在那裡？愛在陽光裡、在雨裡、在風裡、在心裡。

紀老的情深意重

金壇茅山有家茅麓公司，專營茶米買賣，主人紀老年近六十，雍容大度，溫文儒雅，個性爽朗好客，手下員工近百人。

父親和張排長風塵僕僕來到此地，和其長子偶然相遇，言談甚歡，進而引見其父紀老。

紀老極爲熱忱：「帶傷千里迢迢來到廣東真是辛苦，您們暫且住下，待我送您到我一個戶家，我兒子會每天去幫您換藥」，主人如此隆情盛意，父親就答應了。此時張排長想堅持留下作陪，父親這次就由不得他了，非要他先行趕路，可數日來彼此患難與共，一到離別時，內心極爲不捨，話別再三，才揮手離去。

紀老長子每日按時前來，背著竹簍，裡面裝著熱水瓶、棉花、紗布、藥粉，他清傷口、敷藥、包紮時，動作輕巧熟練又細心。

包紮結束過後，總會留下來閒聊片刻才離去，真是窩心，他無論刮風或下雪，從沒間斷過，如此來回照顧十來天，父親也就慢慢痊癒了。

自從敵後地區淪陷後，成了無政府狀態，一時盜賊四起，搶劫頻傳。有天紀老特爲此事，和父親商量如何籌組自衛武力，遏阻盜賊作亂，以保安全，父親聽罷，自是義不容辭，願爲紀老助一臂之力。

首先派人外出打聽國軍撤退時所失落的武器、彈藥，和失散的官兵，再依官兵人員多寡編成幾小隊，再分任隊長及小隊長；接著再策劃防匪事宜。

勘地形、編兵力、定防守，一切擬妥就緒，使茅麓公司有了防衛的能力，大家生活也就安定踏實多了。

轉眼兩個月過去了，時值民國二十七年二月。

父親因戰事甫定，想回上海一趟，遂向紀老言明去意，臨行前，紀老家人還特地爲父親製作一套棉襖褲、一雙棉布鞋和一頂瓜皮小帽，全身上下煥然一新，此番恩情感念在心，終身難忘，而紀老長子與父親年齡相近，療養期間，相聚多日，交談甚歡，如今離別，不勝依依。

父親離去時，搭乘僅容四人的小木舟，沿著小河迂迴曲折地划行，朝開夜泊，四日後抵達無錫，再轉乘郵輪前往上海，船緩緩駛入蘇州港口，稍停片刻以備臨檢，但見兩位日兵提槍登船搜檢，目光如探照燈般，四周掃視，幸好船客甚多，沒多久就下船離去，船在公共租界區停泊。

下得船來，天色已晚，雖是三月初，上海還是雪花紛飛，寒風陣陣。

上海完全淪陷，由日軍所佔領管轄，唯留在公共租界地較爲安全。

街道行人稀少，店面館子的客人也顯得蕭條，數日來除租借地外，無處可去，原先部隊早已失散也無從連絡，上海終究不是久留之地，這時招商局傳來消息，有船開往香港，父親趁此良機搭船南下廣州回師部報到。

船離開黃埔江，回首望去，許多房屋傾斜倒塌，或彈痕纍纍，或斷垣殘壁，不忍目睹，真是「冬日戰場佈寒霜，衰草映斜陽」，昔日華堂盛宴，美酒流光，如今繁華落盡，徒留感傷。

船抵達香港時，已是萬家燈火，顯得一片繁榮景象。隔天又上船繼續開往廣州。

到達了廣州，手邊行李和棉被棄置船上，在路邊攤先吃碗糯米丸子湯，花幾分錢買套輕便衣服，順便理髮整修一下儀容，再訪故知舊友。

戰友見著父親能平安歸來，驚喜萬分，高興不已，父親另特地拜訪陳文將軍，到了將軍府，湊巧只有夫人在家，父親當時受茅麓紀老所托，千里迢迢帶了兩罐綠茶面交夫人。

「又何必呢？從老遠帶過來，恐怕生很多黴菌了吧？」

父親一時尷尬萬分：「這終竟是紀老心意，我什麼都沒帶，就特地帶這兩罐茶葉到廣州來給您們！」

不一會兒，陳將軍回來，閒話家常。

末了他說：「一五六師有少校缺，你就留下到我這兒罷！」

父親婉拒了：「謝謝參座好意，我是一六〇師拉拔的，我還是回原屬的部隊吧！」

父親懷著踏實的心情離開了，他守住了爲人處事的基本原則。

回鄉

父親在廣州這段時間，分別拜訪完同事和舊友之後，專程返鄉探望奶奶，只攜帶簡便行李，溯江西行，再走陸路，回鬱南連灘石腳村鄉下，回鄉不由近鄉情怯，離開家鄉，一晃已十年了。

父親三歲時，爺爺就過逝了，留下孤兒寡母，奶奶含辛茹苦將父親慢慢帶大，而父親十多歲就隨叔輩們從軍，過著獨立的生活。

石腳村是極爲偏僻的鄉下地方，沙石路面，蜿蜒小徑，兩旁雜草叢生，一眼望去，幾窪稻田，幾片綠野，和幾間陳牆老屋錯落各處，進得村來，近親老少，見著父親滿心歡喜，不斷寒暄問候，唯獨不見奶奶。

有位老鄰居說：「你母親天未亮，就步行廿多里去張爺廟，替你求神拜佛，保佑你平平安安！」

環視屋內，簡陋擺設，一景一物，都喚起父親和奶奶相依為命的兒時記憶。

直到下午時分，奶奶才回到家，一踏進門，父親已忍不住喊聲「媽！」

奶奶喜極而泣：「兒子呀！為了你，膝蓋都跪爛了！」

奶奶熱淚盈眶，片刻間，母子兩人一時說不出話來，情緒起伏，久久無法自已，對孤單的奶奶來說，兒子離家十年，真是漫長的歲月呀！

隔天是清明祭祖的日子，來自各處丘氏家族不下千人。父親著一身戎裝，族人見著深感敬佩，丘家子弟能為國爭光，個個引以為傲。

幾天後，父親又得南征北討，轉戰西東，如今一別，不知何時再能見著奶奶了，而奶奶在陳舊小屋內，在昏黃燭光下，是如何過她孤獨的日子？在這動盪困阨的年代，又多少家庭爲這國家默默奉獻著？

東孤嶺之戰 烽火連天

廿七年四月，父親乘粵漢鐵路北上，至湖南攸縣歸隊，同時全師整軍特訓。

父親時任營附，於六月初奉命前往江西南昌，築工事、勘地形。

八月中旬，揮師北上，向南潯推進，爲策應友軍作戰，先抵達馬迴嶺，又轉往廬山東麓，調動頻繁，馬不停蹄。

八月底，守備東孤嶺之五十二師團，已和敵軍正面開戰，炮聲隆隆，戰火激烈，對峙多日，友軍傷亡慘重，幾乎無法壓制敵軍攻勢。

入夜父親奉命率領營隊，接替該團防守任務。

父親先勘查地形，再選定易於進出又可發揚火力的位置，才剛安頓就緒，敵軍就猛烈射擊，砲彈在空中一道一道劃過，我軍加強火力迎頭重擊，霎時火舌漫天，四方流竄，將天空燒得道道血痕，機槍聲，流彈聲，爆破聲，令你震耳欲聾，但見血肉橫飛，四處飄散，慘不忍睹。

敵軍陸海空同時出動，屢次向我方猛烈攻擊，但我方誓死奮戰，使其攻勢頓挫不前，激戰三天三夜，依然堅守陣地，敵人無法越雷池一步。第四天，另一營隊前來支援，父親率領各連回部重整。

第五日清晨，敵艦聯合地面火力再次向我方集中砲擊，綿綿不斷，官兵傷亡慘重，擔架衛生兵後運不及，痛楚聲、唉叫聲處處可聞，並且彈藥補給不繼，連長陣亡，營長告急，情勢岌岌可危。

父親據前方報告後，再度整編，率砲兵連、重機連上高地偵察，測定距離，標定射向，找好掩蔽。

我方迫擊砲連，對準敵方佔領的小村，先試射一發，再迅速修正偏差，待敵軍離開村子，向我方偷襲時，父親一聲令下，連放十發砲彈，機槍連也及時配合連續射擊，約五分鐘之久，打得敵軍七零八落，敵軍遭此襲擊，死傷過半，我軍迅速拆架退出，轉移陣地繼續佈署，三天後正面迎敵，兩方主力再度交峰，你來我往，轟得震天價響，苦戰三天三夜，戰火漫天，黑夜猶如白晝，白天打到夜晚，夜晚打到白天，官兵渾身塵土可真是灰頭土臉，三天的不眠不休已是疲憊不堪，敵軍也傷亡慘重，潰不成軍。

硝煙過後，滿目瘡痍，冰冷的泥地，躺著一個個犧牲士兵的屍體，望著生命的流逝，不禁唏噓，感嘆戰爭的無奈和殘酷。

父親曾提及，這次戰役甚爲慘烈，而三天來雙眼未曾連續閉上兩個小時，有時風吹雨打，有時烈日狂曬，分不出雨水汗水，但覺衣服濕了又乾，乾了又濕，但仍然奮戰到底，直到第八天才由另一部隊前來替補接手，而活著歸來，恍如隔世。

父親關愛的方式

在我念初一時，父親有次請假帶我到台南空軍醫院治療我過敏的鼻子。回程，父親突然問我：「去看場電影好嗎？」雖然覺得有點訝異，卻滿心歡喜。

來到戲院，見著廣告畫板，才知道正上演著〈西遊記〉的影片。至今我一直不知道父親是臨時提議，還是早先預定好。

影片放映沒多久，我注意到在我們座位前一排，也有位家長陪著一位約小學一、二年級的小孩一起觀賞，這家長怕小孩不了解劇情，不時小聲解說著，父親見此情景，也在我耳邊輕輕說明劇情。

當時心裡覺得很納悶，我已經夠大了，而且〈西遊記〉故事也大致清楚，可是父親卻很用心說明角色的來龍去脈，我心裡嘀咕著，真是多此一舉，但內心卻感受到一陣溫暖，父親從沒這般靠近在我耳邊說話。

我高興父親這樣陪我看電影。

多年後，為人父時，我才慢慢有所醒悟。父親一向嚴肅話不多，其實心中想著關愛孩子，卻不知用什麼方法來表達才好，在當時那場電影裡，父親見著別人父親對孩子的解說，原來這是關愛的方式，於是父親有樣學樣，如法泡製。

有時夜深人靜，佇立窗前，每思及父親在戲院裡說明劇情的用心，不由泛起異樣的情懷。彷彿看到父親從小一直獨立自處的身影，他的內心始終努力將他欠缺的父愛，在孩子身上有個彌補，可是如何父子互動，可能一直使父親徒留絲絲的缺憾，但父親的心意我感受到了。

而〈西遊記〉這部影片，是我一生中單獨和父親一起看過的電影。

金輪峰之役

九月八日，父親又率營部入廬山南麓，翌晨上廬山漢陽峰。

下午到達時，山頭氣溫驟降，有如隆冬，著單薄軍服，深覺寒氣逼人，霧氣在空中飄盪遊走，忽左忽右，忽隱忽現，忽陰忽晴，地形景觀變化莫測，難辨廬山面目。

經部署警戒後，再以茅草結成營房，第三天卻軍糧青黃不接，補給不上，接連兩天官兵僅吃芋頭一餐，在山中的冷風裡，更感飢餓。上天憐憫，第五天軍糧送到，一解飢寒交迫的窘境。而本師四營十多天來死傷不少，趁此機會從新整隊編組。

不識廬山真面目，更難看清金輪峯全貌，山嵐霧氣重，四處遊走，景物若隱若現，如夢似幻，煞是迷人，父親和迫擊砲香排長，結伴至廬山東北麓萬杉寺高地，一探廬山美景，但見霧如薄紗，不經意掀開又覆上，霧重時，卻又伸手不見五指，時而極目遠眺，時而朦朧一片，變幻無常蔚爲奇觀。

正欣賞之際，突見山下星子公路上，有日軍和裝備車偷偷在移動集聚一處，想來正在調度集中兵力，父親靈機一動：「像以往一樣，玩個遊戲如何？」香排長回應：「正有此意！」真是心有靈犀，一點就通。

於是射擊部隊安置高地，父親和香排長往低處避開雲霧，選定觀測位置，測定方位、距離，再架上電話機和高地聯絡，一旦設定好目標，好戲即可上場。

不到半小時，一陣輕風緩緩吹來，濃霧也慢慢移動，頓時霧蔽天日。

先試放一發再修正角度，待濃霧蔽天之時，則高射砲連續發射十發，炸得日軍驚惶失措，狼狽鼠竄，濃霧中不知砲彈來自何處，也無從反擊，輸得莫名所以。

盧山，可愛的盧山，金輪峯之役是父親津津樂道的輝煌一戰。

同時我友軍在萬家嶺與日軍激戰多日，隔天父親率部隊下盧山，加入戰鬥，但雙方都傷亡慘重，停戰幾日後，又率領重整好的部隊前往老虎尖策應友軍，和一五九師團併肩擊退日軍，之後再打完了松樹榕之戰，才班師南下。

二十七年十一月底，父親部隊由贛南赴粵北，加入第四戰區戰鬥序列，父親時年二十二歲，於九五九團任少校團附，開始整訓。

淥龍嶺之役

二十八年十二月，父親軍團派往南寧鎮守淥龍嶺。

二十八日午後，日軍步兵的輕重兵器，集中火力突然向我軍猛烈攻擊，雙方激戰到深夜，廿時許敵軍志在必得，一波一波地向我軍猛撲，甚至白刃肉搏戰，殺得血濺四處，戰況激烈，戍拉鋸戰，父親受命率各重機槍手、彈藥手趕往支援，日軍幾度夜襲，甚至使用催淚毒氣，如此激烈手段前所未有，幸各官兵奮死抵抗，從深夜打到黎明，日軍終不支潰敗，之後父親走出營區，巡視戰場，但見橫屍遍嶺，在晨光下，一眼望去，野地荒草被鮮血染得猩紅猩紅，此情此景，官兵相視良久默然無語。

清晨七時，敵機盤旋上空，又狂炸不止，炸得土堆爆裂，煙塵飛揚，此時本團已追擊乏力，只好固守陣地，清理戰場。

其實一般平民為了逃避日軍，流離失所，政府軍雖作出多次圍剿，卻遭到日軍頑抗，雙方苦戰連連，年來進進退退，死傷難以估計

廿九年二月下旬，回師柳州，三月初東調粵北，三十年初六月惠州橫瀝與日軍再度交鋒，激戰一天一夜，敵未得逞，十二月至香港漁灣，師部就在此重新積極整訓。

陪母親上菜市場的日子

我除了陪妻逛街之外，也喜歡一人獨自上百貨公司閒逛，新穎悅目的產品，創意新潮的款式，總會吸引我的目光，這逛街閒情，大概從小就養成的吧。

小時候，跟母親進城買菜，是一天最快樂的事，常一大早就站在門前候著，一見母親略施淡妝跨出門口時，我就興奮地跑上前去，牽著母親的手，另隻手搶著拿菜籃子，母親總會笑著：「籃子重，你就別拿了。」清晨的陽光溫溫地灑落在身上，迎著徐徐涼風，一身清爽。

進得城來，母親偶爾會停留在南北貨的店前，但見袋袋雜貨，琳瑯滿目，有金針、香菇、木耳等等，不計其數，母親從袋中輕輕撈起些許，檢視它的大小、質地、色澤，再托往鼻前，聞出它的香鮮度，我在旁觀察，覺得有趣，十來分後離去，有時空手不買，母親說，東西看了，瞭解，事後需要再買，免得買了多餘浪費。

母親遇到熟人，喜歡聊上幾句，或到朋友家寒暄，待不到一會兒就走，應對進退，從容自然。有家老闆娘最好，每回經過她店面，見著了，笑瞇瞇地直誇我可愛，牽著我的手到櫃台，要我選樣吃的，沙琪瑪是我的最愛，巧克力棒也不錯，但母親說過，只能選一樣，後來知道適當的滿足，才有下次機會。

菜市場可真熱鬧，車水馬龍，擁擠不堪，菜販肉販叫賣聲此起彼落，我喜歡看著母親挑選，開價的神情，總是不疾不徐，可是轉眼就買了一籃子菜，其間，不時牽著我的手在人群中穿梭著，手柔柔溫溫的，讓我有安適的感覺。

市場附近有一家「透心涼」冰果室，母親怕我熱著了，習慣替我點上一份我心愛的水果冰，她在旁靜靜陪著我，水果冰送來前，偶爾掏出手帕，拭去我額頭上微薄的汗霧。其實一出門，我心裡就想著吃冰，整碗水果冰吃下來，真的涼透心底，舒坦過癮。

回家路上，母親會順道買張愛國獎券，她說有個希望總是好的，據我所知，不曾中過什麼獎，想必愛國去了。

小時候陪母親逛街買菜，約有三，四年了，回回樂此不疲，次次當作野外郊遊，因之養成我往後對美好事物，總有份歡悅的熱忱，並且母親的溫情與耐心，在我懵懵懂懂的童年，陪我走過一段美好時光，現今，每回當我整裝逛街時，就不禁想起母親提著菜籃，跨出大門對著我微笑的模樣。

戰地姻緣

母親，黃堅梨，台山人，香港淪陷前，隨家人前來定居，當時擔任軍醫院護理的工作，後經人介紹認識了父親。

大姊提及，母親初次見著父親是在門縫裡，望見父親一身戎裝，挺拔俊朗，英姿煥發，當時母親不由嘴角漾出淡淡的淺笑，眼眸泛起絲絲的情意，交往數月後，雙方情投意合，於是在三十一年二月間，在漁子灣禮拜堂舉行婚禮。

父親軍裝佩劍，神采飛揚，顯得雄糾糾氣昂昂，而母親著一襲草黃彩裙，頭上披著乳白薄紗，溫柔美麗，典雅大方，莫福如師長特來證婚，長官、同仁、眷屬近三百人，雲集四方，典禮簡單隆重，席開二十五桌，賓主盡歡。

遷徙流離

部隊駐守漁子灣，一年又五個月，之後在三十三年初夏，父親奉調廣西全縣，步兵學校西南分校的校官研究班，爲期半年研習進修，而家人留居曲江，當時大姊正牙牙學語。

不到三個月，卻傳來粵北戰事吃緊消息，曲江方面強迫居民疏散，母親不得已帶著大姊往桂林姨媽家暫時住下。沒隔多久，烽煙四起，兵慌馬亂，桂林各地人心惶惶，於是父親帶著家人先到柳州，等候學校列車的到來。

黔桂鐵路上沿途的列車，調度不易，因之擁塞難行，每日開出一、兩站，即停上一、兩天，而車箱的車頂，擠滿了人，有鐵路員工眷屬、有軍隊、有難民，以及販夫走卒，場面極度混亂，時值夏天，熱氣蒸騰，汗臭穢氣四溢飄散，又髒又亂，衛生實在堪虞。

火車來到柳州，卻停留了三天，有個夜晚，敵機空襲，我航空飛虎隊升空迎戰，一時空中飛機追逐翻騰，機槍大作，子彈在夜空滑出一道道光芒，如煙花四射，五彩繽紛，倒也壯觀，二十多分鐘後，我機追離柳州上空，夜空又恢復一片寂靜。

柳州列車開出，一星期後才到達全城江，而又靜候三天仍無續開的消息，而車站附近候車者，人山人海，四周沙泥地衛生又極差，如此枯等不是辦法，只好全家下車徒步，終有可到之日。

二千里路雲和月

秋風起，天氣漸漸轉涼了，和其他同學十餘人，帶著簡便衣物下了火車決定步行，漫漫長路，沙塵飛揚，個個攜家帶眷，在風中，徐徐前行。

走了十多天，經過貴州獨山，轉往學校所在地——都勻，這時有些人脫下鞋子，腳都紅腫起泡了，大夥喘息不到一星期，鄰近獨山已發生戰事了，原本安妥家眷專心研習，如今被迫又得離開。

父親當時身無分文，又攜家帶眷甚爲狼狽，幸好同學李營長雪中送炭：「我有一把白金左輪手槍，可賣得三萬元，一半借給您！」在戰亂中能情義相挺，父親深爲感動，一生中難忘這份情。

這時學校副主任前來，希望父親留下當教官組訓軍團。這對父親可是個大難題，一方面想到多年生死與共的舊袍澤，不忍離去，更何況正懷孕七個月的母親，還帶著未滿周歲的大姊，在兵荒馬亂的寒夜裡走上二千多里路，再偷渡湘桂路，過了粵漢鐵路才到粵北歸隊，路途艱難，殊爲不易，另一方面，若不離開，未來情勢難測。

面臨抉擇，左思右想徹夜難眠，父親當時內心必然極度煎熬。隔天，父親當面謝過副主任的好意，決定南下，回粵北歸隊爲國效力。

千里迢迢，路途險惡，必然倍感艱辛，但父親勇敢踏上了人生另段旅程。

在三十三年十二月十二月日出發，同行共十六人。

入冬時節，在荒郊野外，寒風陣陣，迎面吹來，涼透心底，父親弓著身子，一肩挑起兩個竹籮子，一頭載著大姊，另一頭裝放棉被，而懷孕七月大腹便便的母親，一步步隨後跟著，冷風在耳際呼呼地吹，而乾草雜枝在空中旋轉飛舞。剛開始，走一里一歇，行五里一停，慢慢發現這般速度跟不上隊伍，於是想辦法在路上遇到空手的行人，則言明付費，懇請幫忙，這才加快腳程趕路。

每日約行五、六十里路，母親如此長途跋涉，辛苦可想而知。第四天來到丹江，接著改乘小船，沿著小河撐著竹竿慢慢滑行，江面水氣格外陰寒，暗夜裡更顯淒清，花了三天時間才到達錦屏，大大小小在此休息一天，也好卸下重擔，褪去多日來的疲勞。

出發前，父親商得一位炊事兵的同意，沿途供給伙食，行李由他負責扛，父親自己背著大姊，如此可方便照顧母親。行行復行行，又過了十多天，終於到達新寧，七十四軍的部隊即在此駐守。

長官見著大家翻山越嶺諸般辛苦，深表同情，特地派位嚮導帶領大家偷渡湘桂鐵路。

暗夜潛行　步步驚心

兩天後，來到湘桂鐵路八里外的地方靜候時機，母親順便餵大姊吃些乾糧，免得餓哭了。

此時已是十二月下旬了。

趁著夜黑風高，大夥攜家帶眷，摸索前進，道路處處坑坑洞洞，起伏不平，偶爾有人不慎掉落大坑洞，大家則合力拉起來，如此前行約莫一小時後，即見敵軍卡車五輛向著桂林方向慢慢開來，車燈強光迎面照射，大夥緊急利用地形掩蔽，車輛壓過凹凸路面，發出轟隆轟隆響聲，彷彿壓過每個人的心口，沈寂的夜晚，可清晰聽到自己心臟碰碰的跳動聲，短暫幾分鐘，卻無限漫長，俟車隊通過後，大夥才鬆了口氣，但也嚇出了一身冷汗，大夥不敢怠慢，繼續趕路。

寒夜中，大家翻越了一座又一座的山頭，從入夜七點走到清晨四點，終於到達一三家村，這時個個人仰馬翻，疲憊不堪，尤其幼齡小孩真是受苦受難，極為不捨。

正當大家還沒喘上一口氣時，則聽村民來報，日軍天亮會不時前來搜索，不可久留，聽罷，個個惶恐不安，整晚因擔憂而無法入眠。

曙光微露，母親已披衣坐起，但覺雙腳腫脹起泡，舉步艱難，苦不堪言。但趁天亮之前，大家只好咬緊牙關，加快腳程快快離開。

繼續趕路，直過午後二點，方才到達當地鄉公所，一方面大家昨晚沒睡好，另一方面連續徒步六個多小時不曾進食，所以一到落腳處，大大小小無不癱倒。後經一夜充分休息後，還得趕往三十里外的八卦山游擊據地。

承蒙當地官兵熱忱招待，且另借每位一萬塊當路費，雪中送炭，大家深表謝意，銘記在心。隔天即是三十四年元旦，在顛沛流離的日子裡，過了舒服美好的一天。

翌日大早父親帶著大家又往湖南祁陽方向去了。

走了一天的路程，已近黃昏，天也漸漸昏暗下來，在天寒地凍，空氣顯得格外陰涼，於是先找了間路邊小店過夜，荒郊野外毫無設備可言，是以稻草席地爲床，簡陋不堪，房內寒凍瑟縮，房外野風呼呼。

約深夜十一點，母親已開始陣陣腹痛，想來即將臨盆，店家老嫗急忙起床燒水張羅接生，極爲熱心。

她熟練地撕下一塊陳舊的被胎，找出一把生鏽久沒使用的剪刀，而父親見著還沒回過神來，門已關上，直至凌晨一點（三十四年一月三日），大哥誕生了。

店家老嫗用溫水將嬰兒清洗乾淨，用舊棉花包裹好，再穿上破舊的女孩衣服。安置好後，老嫗走到爐灶前，抬起鑊底，順手鏟下些鑊灰在碗裡，另加些紅糖，再開水沖泡，但見整碗混濁黑水捧到母親面前，讓母親喝下，如此原始秘方，令人膽戰心驚。

雖折騰了一晚，但蒙主保守，母子平安，大夥無不高興前來祝賀。

隔天父親謝過店裡老媼，則啓程出發，而母親產後無法再奔波勞累了，於是父親特地雇轎代步，約下午時分到達小河口，找家較正式的小客棧住下，這時父親請多日來同行的學長們繼續前面路程，大家心有不捨，臨別時有的學長還特意留下些路費，才揮手告別。

客棧老闆娘也非常熱心，每日前來探視，並幫嬰兒洗澡，如待自己孫子般用心照顧。

十天過後，恰巧指揮部押戰俘戰利品返回縣府，此時母親休養尚未滿月，但父親決定趁此機會跟部隊同行前往郴州，參謀長特地去商借一台老式新娘轎子，並派二名轎伕幫著抬轎。

母親抱著出生不久的大哥坐在轎子中間，而大姊坐在旁邊的小凳上，一切就緒，就在搖晃中出發，時值元月十四日。

穿越雪山

途中雨不時的下著，雪任意地飄著，寒風陣陣地刮著。

父親僅著一件衞生衣，外加軍用短棉襖，母親也僅著一件衞生衣另披毛料外衣，穿著甚爲單薄，在這冰冷雪地上得走上二千多里路。

第一天即上雪山，雪山早已積雪難行，每年十二月即開始封山，雪地荒寒，行數十里不見一戶人家，生恐意外，行人不敢冒然入山，真所謂〈千山鳥飛絕，萬徑人蹤滅〉。行進間，偶見電線積雪，粗如碗口，山上的松樹積雪過重，輕風微動，龐然雪塊霍然墜落，雪塊撞擊雪塊，如骨牌般一路〈嘩啦，嘩啦〉作響，直撞坑底，如不幸撞及行人，則人隨雪滾，滑落而去，可真險象環生。

當日夜宿山中小村，翌日陽光微露，雪塊慢慢溶化，鄉野小徑泥濘路滑，寸步難行。有一轎伕不慎失足，轎子霎時猛烈搖盪，二歲多的大姊，從轎裡盪落到雪地，父親趕往急速抱起，轎子幸未翻覆，母親和懷裡嬰兒也安然無恙，大家著實大驚一場。

皚皚雪山，冷風颼颼，時近黃昏，溫度驟降，寒氣逼人，夜宿雪山，冷凍中難以入眠。

嚴酷寒冬，在陰冷雪山中，走二天半到新田，再咬緊牙關，撐著身子，再走上三天才抵達湖南之南與廣東交界的郴州，而師部就在郴州，父親喜出望外，終於找到了原屬部隊。

經一番安頓之後，晉見師長福公，彼此暢談甚歡，父親順便提及剛出生的長子，福公說：「既然在祁陽出生，就名為祁生好了！」繼而請父親留下在參謀室幫忙。父親想先將家眷送往汝城歐陽老家安頓，再返師部報到。

袁太太和李排長作伴隨行，於是大小共七人，隔天即動身前往汝城。

途中依然風聲鶴唳，路途險阻，連續四天趕路，直到大家渾身疲憊方得覓店就宿，有時夜裡，數度驚醒，忐忑不安，而母親產後尚未滿月呢？當時局勢吃緊，父親堅持南下先安頓好家人，這決定是明智的，但也讓母親百般辛苦，真是上帝憐憫，同時也體會出母親堅忍的耐力，這美德似在大姊身上看到母親的影子。

幾番探詢來到歐陽泗家，歐陽太太熱情接待，騰出一客房給家人住下，終於有了家的溫暖感覺，父親打從心裡感激不盡。

幾度翻山越嶺，長途跋涉，徒步二千餘里路，至此暫告一段落了。此時若再北上回師部，師部恐移防他處了，而南下九十里即爲廣東仁化縣的城江，亦即本營部所在地。

父親返抵本營部，一身歷經風霜，風塵僕僕，於是先沐浴更衣，整肅儀容方見團長，此時已是二月中旬了。

團長見著父親，緊握父親雙手，久久才說：「你回來真好！好好整頓部所，準備接受新的戰鬥任務吧。」

父親和各營長、舊屬彼此問候、猶如久別家園，再度重逢，無限欣慰。

功課做完　就去看吧

從小我就喜歡看電影，曾花上一星期的時間劈材，賺取一張電影票的零用錢，在烈日下徒步進城看電影。

到了念初中，父親因工作關係，每星期有五張電影優待券，常擺放在角落的茶几上，我一放學急忙洗澡、用餐，就躲到房間認真溫習功課，好趕上九點半的最後一場電影。

剛開始私自拿電影票總有些顧忌，何況升初三，課業也繁重，父親一向嚴肅，有次當我拿電影票時，父親開口了：「功課做完，就去看吧！」

自從那次起，我每回趕去看電影時，心中是無比的舒暢，邁出的步伐也更顯輕盈。

父親認爲我去看電影時，意味著我的功課一定做完了，而父親堅定的語氣：「就去看吧！」在我心中有了異樣的感覺，那就是對一個人的人格的信任，而我也努力做完功課好獲得父親的信任，那是多麼微妙的關係呀！

這彼此的互信在幼小心靈，慢慢滲入了我生命的底層。

多年後，對我子女的教育、對我學生的互動、對我朋友的交往，我總會懷著父親那句話：「功課做完，就去看吧！」

戰火連連

三十四年三月初，在贛南信豐坡地和日軍正面對峙，激戰數日，誘敵圍剿予以殲滅。是月廿六日，轉戰大塘埔，入夜對日軍展開攻擊，火光四射，砲聲不絕，通天火紅，猶如白晝，彈雨中戰至隔天午後，終將日軍擊退，待清掃戰場之後，方奉命撤離。

七月三日，日軍於砰石拂曉突擊，雙方戰況激烈，僵局之下，日軍不斷移轉陣地，想攻其不備，但徒勞無功，戰至凌晨一時，我四七九團在砰石以北，繼續追擊前進。

父親營隊兩日一夜急行軍後，又兩夜一日的戰鬥，官兵已是疲憊不堪，但鼓勵乘勝追擊機不可失，官兵精神爲之一振，重新部署搜索前進，沿途看出敵軍倉促逃離潰敗的跡象，於是我軍重整，嚴密警戒待命。

抗戰勝利

三十四年八月九日部隊由仁化開往江西信豐，暫時安頓待命，父親順便告假三天回鄉見見家人，途中，當地縣長告之「日本天皇宣布無條件投降」，父親聽到這消息，熱血沸騰，興奮莫名，調頭策馬狂奔信豐，晉見團長，方知傳言無誤。

軍民無不歡欣鼓舞，鞭炮聲響遍大街小巷，竟日不絕。

抗戰八年，多麼漫長的艱辛歲月，父親是怎樣在戰火浴血中走過來的？

而戰死沙場的同袍，彷彿一個個在父親的眼前奔跑著，在火海泊血中奮戰著，吶喊著。

當父親雙手接過勝利獎金黃金一兩時，激動萬分，它的珍貴是在於用八年的血汗打造出來的，豈是表面的價值堪比擬。

戡亂剿匪

共匪自民國廿三年由江西，西竄延安後，侷處一隅，一面乘機擴軍，一面接受蘇俄物質支援，乘國民政府八年長期抗戰，元氣大傷之時，土共興風作浪，烽煙四起。

廿四年九月初，政府與共產黨和談。當時只周恩來列席，毛澤東遲未出現，和談破局。

土共四處作亂，策反民運，甚至利誘村民普遍種植罌粟，蠱惑民心，政府於是實行戡亂，全面清剿，於焉開始。中國命運多舛，又陷入了另場悽慘的戰爭。

於是父親又投入了戰場，在槍林彈雨中爲國奮戰，打完了北山之役、南山之役，又戰三江李村之役和上龍之役，四次剿匪戰役，沙場歸來已是卅五年一月中旬。

又是入冬時節了，趁師部返抵贛州，父親卸下營長重責南返廣東，抗戰既已結束，從此軍旅生活當可告一段落。

父親想改行作生意，於是將全部積蓄廿萬投資在友人開設的交通商行，但經營不善，不到二個月便倒閉，資金成泡影。

經友人一再建議，父親終於在三月中旬前往軍官第九總隊報到，繼而轉考警官學校，卅六年夏天畢業，留任廣東接保警第二大隊長，卅七年八月兼任江門新會警備指揮官。掃蕩聚賭，鎮壓械鬥，維持地方治安。

淡泊雲天

在善化和父親同住的那段時間，我每天大清早起床，看出窗外，見著父親，站樁蹲馬步，打著太極拳，我站立良久，回想父親在新營退休時，自行翻閱太極拳譜，模擬參研，很有耐心，很有毅力慢慢學起來。

有次父親問我：「想學太極拳嗎？」我滿心歡喜，開始有模有樣比劃起來，但學沒幾天，我偷懶放棄了，沒那股毅力持續下去，而父親在沒人教導之下，太極拳、太極劍卻自學成套，思之，為之汗顏，竊想父親那來那股強烈的學習動機？又那來那股持久的毅力？

溫煕的晨光隱然映出父親淡泊寬厚而奮發的人生。

有時也很難想像，縱橫沙場的武將，卻也熱衷於書法和詩詞的鑽研追求。

每在夜闌人靜，走過父親書房，總會見著父親臨摹字帖或苦思詩作的背影，那認真習學的氛圍，在柔和的灯光下，暈染開來，一股敬佩之心不覺油然而生。

年年書法展總會留下父親開朗的合照身影，而父親多首詩詞在留下的剪報中，翻出頁頁的回憶。

自忖將來有一天，我也能讓孩子感受到我的努力嗎？

重披征袍

卅八年父親受令派任保安獨六營營長，重披戰袍開始展開剿匪行動。羅雲掃蕩、鶴山清剿再戰宅梧之役，之後回駐鶴城。

三月十九日，據鎮民傳報：「昨晚半夜金群的糧倉被匪清洗一空。」這次匪徒來勢洶洶，且大膽刼糧，不可輕忽，父親率營隊取捷徑繞山路，分道會合，父親對高良附近地形瞭若指掌，借有利地形蔭蔽埋伏，當接近目標時，尖兵排架穩輕機槍全力掃射，共匪也不甘示弱猛烈反擊，一時槍聲大作，父親再令六〇砲兵轟擊，但聞敵軍哀鴻遍野，愴惶流竄，激戰一時又三十分，匪軍除少數逃逸外，大部分被殲滅。

四月初台山清剿，四月十二日馬不停蹄又往斗山大掃蕩。

三十八年五月二日，往台山游擊清剿兩天，是月十五日再往那扶掃蕩兩天，翌日部隊再開回白沙。

回白沙途中，十七日在赤水與匪交戰，大獲全勝。

五月廿三日，父親回江門，接任副團長之職。

蔣公下野

蔣公下野後，長江以南軍事逆轉，烽煙四起，人心惶惶，臨難變節，投降靠匪，時有所聞。

父親接任代理團長不久，十月初，即傳來廣州淪陷了，其他部隊也陸續退至江門了。廣州衛戍總部斗門指揮所派參謀前來，要求父親團部暫駐守梅閣，實乃利用兵團爲其隔河前哨，言明廿八日會派三艘船前來接運部隊去澳門，可是一天又一天的等待，而澳門來梅閣只不過數小時的水程，直到卅日，依然毫無訊息，無線電話亦告中斷，師部的電台早已收線無法聯絡了。

怕麻煩別人

父親一向有高血壓的毛病，早期血壓計是水銀管柱制作，有手臂包套片、充氣球，外加聽診器，想獨自操作測量血壓，極爲繁瑣不便，先前我會自動幫忙替他量血壓，有時父親見我正忙著備課，怕麻煩別人就自行操作，其實父親一面包緊臂帶布，一面掛上聽診器，操作上並不靈光，我見著會去幫忙，老人家總會客氣說不用麻煩了，久而久之，就由父親自行處理了，或許早年過慣軍旅生活，樣樣自己來吧！

多年後，我自己第一次使用水銀血壓計量血壓時，才深深覺得當年父親自量血壓是多麼不方便呀！

如今想來，只覺當時太年輕，太不懂事了，沒用心去體會老人家客氣是怕麻煩別人，其實〈不方便〉仍然存在，每每想起這事，就愧疚不已。

現今孩子的貼心，更凸顯我當時的無知，若偶爾對父母多點關心，或偶爾買點好吃的東西孝敬父母，那該多好呀！

最後撤退的部隊

卅八年十一月卅日上午九點時刻，沙堆鄉公所曾鄉長，過去和父親認識，特派專員前來告之：「五里外，有林彪部隊五百餘人在大樹下歇息著。」而我父親部隊可是全面戰事最後撤退部隊了。

但全兵團完全撤離為時已晚了，隨即命令所有部隊分別進入陣地，完成戰鬥準備，明知孤軍作戰，也要奮死向前背水一戰。

激戰一天，入夜後，匪軍因地形不熟，不敢貿然前進，只整夜放冷槍，企圖騷擾我軍。

隔天清晨，匪軍主力到達，近二千多人，而我軍已漸不支，傷亡了三分二的官兵，已到了彈盡糧絕的慘境。

父親帶著士兵繞至匪軍後方的古井，下令化整爲零，各自作戰，並混入一般百姓中，再換裝悄然撤退。

父親和屬下官兵一行十餘人，覓得耕農用的小艇，渡過斗門，再步行至乾霧，又輾轉到達南水，隔天清晨西江指揮所主任派艇運送往三灶島，到達島上時已是下午四點左右，而飛往海南之最後一班飛機，卻在一小時前飛出三灶島了。

一群作掩護到最後撤離戰場的官兵，卻一波三折，政府似乎把他們忘了，大夥只好在寒凍中等到天明，父親特往商榷僱了小艇，搭乘出澳門。

父親本想向方師長報告狀況，然師部早已不知所在。

此時已是十一月五日深秋了，除海南島之外，整個大陸作戰，父親所率領的部隊可說是打最後一戰了！

駛出澳門的小艇上，父親一路從戰火走來，不禁黯然神傷！美麗山河就在眼前慢慢地慢慢地消失，故鄉遠了，模糊了！

後記

父親的經歷，是段珍貴的歷史。

我以父親〈住馬憶舊〉爲藍本，用淺顯的文字重新編寫，爲了讓大家有機會有心想去閱讀，感受前人是怎樣艱辛困阨一路走來的。

我們這一代是幸運的，不曾經歷顛沛流離的生活，不曾走過苦難的歲月，不曾經歷過殘酷的戰爭，也不曾感受妻離子散之痛。

歷史是延續的，不是片段的，不可任意刪減或刻意忘記。更不可忽略了上一輩，當時離鄉背井犧牲奮戰的忠心，以及在槍林彈雨中是如何活過來的人生。

父親堅忍愛國的血液，一直在我們的身上流動著，溫溫地流動著。

附錄一：記憶中的父親

大姊

父親的話

兒時記憶，母親口述，父親幼年三歲喪父，寡母孤兒，生活清貧，故十多歲離家隨叔輩從軍，自此進入軍旅生涯，參與抗日、戡亂、剿匪等戰役，負傷累累，如前述，堅強勇敢，有担當是父親的特質，追隨過父親的同鄉同袍見一次，讚一次，左一句長官，右一句長官說父親帶兵的堅毅個性，對下屬體恤之情，佩服之至。

再者，父親邊參軍邊自學，喜讀古書習字，爲人處世態度均令兒女們崇拜與學習；在我小小心靈有著他日長大結婚時，對象就要像父親一般。

尤其記得父親對子女疼愛有加，小小一個動作，一句話，令我感動，倍覺溫馨，事情是這樣：在我生和和時，父親買一包切好的人蔘片拿到我枕邊，並叮囑我不時的拿些含在口中，好恢復元氣，父親的慈愛每每想起令我動容，加上媽媽的細心呵護，非我能報恩於萬一。

有一次，在健生家中對大家說：「我沒有財產留給你們，你們就是我的財產，同時，值得安慰的是你們都有各自的發展，不用我費心，爾後希望你們兄弟姊妹亦能維持一年一度的聚會交流」，這就是父親的教育。

鶼鰈情深

父親因工作關係時有調動，住過新會、江門、澳門。

不知是否廣東人有吃消夜習慣，或晚餐吃得較早，睡前都吃些點心，夏天如冰糖蒸蛋、番薯糖水、紅豆湯、綠豆湯。冬天則鯰魚燉當歸、我較早睡、往往被一股香氣薰醒，此刻正係父母親談心，兩人共享點心時候，在我成長日子中，從未聽過父母親爭吵過，也沒有不悅的情緒，只有尊重和包容。

母親過逝不久，父親在台中那些日子備感孤寂，作子女的在客廳看到父親因想念母親，在臥房啜泣，拭淚，不禁心酸難過，一時不知如何安慰父親，而父親一直深藏壓抑著，內心之痛可想而知當時家中環境未能給予父親更好的照顧，深覺不安與難過。

精神支柱

父親僅以一個公務人員微薄收入，卻負擔著一個九口之家，實在沉重，記得我讀初、高中時，開學註冊費都須我乾爸幫忙，有時難以啓齒，叫聲契爺（廣東話乾爹的意思）「我要註冊費」，契爺（陳德恭伯父）是好人，每次我到他事務所便知來意，他只聽我叫一聲契爺就高興（因無子女），後來高中休學，去學中文打字（那時尚未有電腦）而應徵到軍中機構當打字員，數月後，獲得父親長官在台中逢甲任職總務主任（湯燦華伯父）的介紹，始進入逢甲任職至退休共四十多年。

當時結婚後，白天工作，夜間讀書。回家尚須操持家事，洗衣、打掃、帶小孩，大清早煮飯，準備帶便當，一路熬過來，因婆家較特殊，同住不甚融洽，我時常以淚洗面。

當時懷二女，母親計算著我的預產期到，應該要生了，但爲何沒有收到訊息？內心放心不下，於是收拾行囊搭火車北上來看我，見我生產後無人協助照料坐月子，母親不禁潸然淚下，隨即放下行李，轉身前往市場買隻雞給我進補（母親從未宰殺過雞），看到母親對子女的關愛，內心備感溫暖，不禁熱淚盈眶。

往後，父親不時會寫信關懷並叮囑生活應注意之大小事，因當時早婚，年紀尚輕，讓父母親擔憂，如今回想起來實在愧疚，盼能當面向父母親說聲對不起，讓您們擔心了，我愛您們。

遺傳基因

民國四十年初，父親攜家帶眷輾轉到香港落腳，那時我約莫七歲，只記得當時住在芽菜坑山半腰，父親在梓林叔所開設的粥粉大排檔內幫忙做生意，維持生活，我也跟在旁邊幫忙打雜，洗粽葉等等。

這樣過了兩年（約民國42年），父親先行回台灣並在警界服務，待一切安頓就緒，便會接母親與我等回台同住，在父親尚未接母親與我回台期間，母親便在香港長樂戲院旁擺設書攤並出租公仔書，其所得便做爲家中的生活費，亦算是替父親分擔家計。

母親每天背著妹妹出外顧書攤，早出晚歸十分辛苦，期間幸得梓林叔照應，每逢過年、過節時他便會給予金錢及物質上的照顧，尤其感恩。

母親外出時，洗衣、燒飯和照顧弟弟等家務事自然落在我身上，那時香港的家因位處半山腰，家中沒有自來水可使用，必須外出到山腳下排隊用扁擔挑水回家使用，同時自來水供給有時間限制，有時排了老半天卻無法提到水，甚至有人因此而大打出手。

當時我年僅十歲左右，竟要雙肩挑著兩桶水從山下踏著踉蹌的步伐挑到山上住的地方，爲了要留著燒開水，煮飯之用，洗衣服要到山上接著山泉水洗衣，童年完全沒有玩樂的時間。最大的享受就是晚上捧著飯碗，坐在樓梯上聽著掛在牆上的公用的舊收音機，播放著「九指怪魔」偵探小說的劇情，著實懸疑，刺激。

有晚，母親生病，上吐下瀉不止，到山下藥房買藥吃卻不見效果，正在驚慌失措中，想到一位國大代表羅公（他有中醫經驗）住長樂戲院附近，那時孔生還小，我不得不背著他走一段路趕到羅公家告知母親病況，請羅公開藥，並盡速返家煎煮藥材，讓母親服下，幸得羅公良藥，母親身體逐漸好轉，事後回想起來也挺佩服自己，不知自己是如何辦到的，或許吃苦、耐勞、機敏是母親在抗日中懷我時孕育出來的吧！

民國四十四年來台與父親相聚，當時據聞花蓮環境清幽，於是全家定居下來，展開另番生活了。

我十九歲那年，湯伯伯來信介紹我到台中逢甲任職，並於信中告知，抵達後找一位蔣先生（日後就是我的另一半，也感謝他支持我完成學業），住宿亦已安排妥當（位於辦公大樓後方的民房）與學生同住一個房間。

逢甲創校初期（尚在籌備中），學生人數約三百餘人，尚未有校舍，須租借北屯國小教室來上課，頗爲克難。院長及教務長、訓導長、總務長，均從外地來台中，故三餐伙食皆由聘雇的一位廣東老鄉準備，當時我被安排與長官們同桌用餐，因年輕，協助盛飯，但席間因輩分的關係不敢多言，用餐時戰戰兢兢而不自在。

某天，院長召見，隱約聽到他跟湯伯伯稱讚我乖巧靈俐，大概認同我留下來繼續工作吧。

相隔一年，學校便覓得逢甲大學現址，初始，篳路藍縷，教室兩排，宿舍一排，餐廳一間連接學生宿舍，福利社一間，均爲平房。

搭公車在西屯站下車後，往學校方向走去，沿途須經過田埂間的小路，如遇下雨時，地上泥濘難行，晚上走過，有時還會看到蛇在田間鑽動，好不嚇人，在此環境，一步一腳印的走來，亦已過五十多個年頭。其間歷經八任校長，持續的與員工們一起努力耕耘，才有至今頗具規模，響譽國際的逢甲大學，實乃與有榮焉。

工作中，我偶然會拿我回覆家長的信，請父親給我意見，當時父親曾對我說：「阿女（我的小名）你生活平淡，做人實在，能夠長長久久」，當時聽了不以爲意，或許是因爲年紀小，無法領會父親話中含義，隨著年歲增長才深刻體悟到原來「平凡是一種莫大的幸福」。

一直以來，無論做任何事情的出發點都是心存善念，默默付出，不浮誇、不自傲，這些應該都是受到父親言行中潛移默化的影響，寬恕別人、不計較、不抱怨、凡事盡心盡力去做、樂天知命這亦是母親遺傳給我的禮物，如有來世，我仍願做父母親的女兒。

父母篇

祁生

父親名聯（1967）

中天麗日年，煥然一新風。

仿父詩唱和乙首（1977）

英風投筆志從戎，百戰沙場效國忠！
蹤馬揚鞭八千里，挫敵擒奸九蟠龍！
彪炳功勳今何在？但悲不見神州同！
古今多少得失事，莫教成敗論英雄！

隨父訪昔日沙場戰友感懷（1977）

陶潛歸故鄉，許由隱箕山；月明花影處，竹翠松風間！
品茗憶戰事，把酒話鄉關；主客各盡歡，浮生半日閒！

父親書房（1980）

彷如入定，書中遨遊四海；
真個超然，象外尋回自我！

慈母安息（1986）

慈母蒙恩召，祥和安息在主懷；
基督乃博愛，天人合一頌神恩！

中秋月冷（1986）

我心涼如雪，怕見中秋月；娘親天家去，遺世慟欲絕！
本應十全美，今作九一缺；魂驚夢乍斷，杜鵑啼為血！

老父吟（1988）

揮毫書法勁，賦詩見真情；老父七十二，耳聰亦目明！
閒雲伴野鶴，書齋寄精誠；坐臥不礙俗，心中一神靈！

太陽月亮（2009）

母親像月亮，父親像太陽；恩愛比海深，地久又天長！

清明追思（2013）

清明時節雨紛紛，兒孫攜手祭祖墳。
默禱嚴慈靜安息，天堂樂園享永生！

父親（2013）

父親像太陽，舉目見陽光；恩愛暖我心，榮耀在天堂！

住馬憶舊（2013）

住馬且憶舊，老兵早退休；好仗已打過，榮冠神保留！

我心我行（2014）

慈母顯光輝，溫暖兒女心；嚴父彰榮耀，導引我前行！

寫給爸爸的信（8/5/1995）

祁生

爸爸主內平安：

在佩德與家人來美西旅遊之時，亦即七月一日我們與您曾在電話中談了片刻。

數日後我再與佩德、健生、孔生等交換了一些訊息，對於在台家中諸事，兒已知道大夥兒的生活近況。兒總覺得神的恩典豐盛！神的慈愛長闊高深！爸爸，您已篤信耶穌基督數十年了，靈命深厚，常蒙上主福佑。兒記取聖經教訓，常常禱告，因爲那是蒙福的泉源。我們在祈禱中，常求神賜您健朗的身體、活潑的靈命。

一個屬主的基督徒就是活在神的愛中，且有永生的冠冕爲其存留，這是神的應許，神的宏恩大愛，數說不盡。兒誠懇地、殷切地盼望著我們家族中人人早日信主，成爲有永生榮耀的基督徒！

我們知道您在七月中旬已經南下至屏東，現在和健生同住。在此地八月四日晚，兒又掛電話至台灣佩德家中，適逢外出，只有東東在，隔了個把鐘頭，佩德打電話過來，我們又談了片刻。獲知爸爸換了一個新環境，適應上還好，您也到佩德處小住了幾天。聽說有意請一名菲傭幫忙打理一些家務，蠻好的，希望早日順利請到。我們默默祈禱，求神保守您與健生等生活安定、平安喜樂！屏東在南部天氣較熱些，望您多保重！

兒雖然拙於言詞，但心中卻很瞭解您。您已走過了大半個世紀，您的心路歷程，可謂〈曾經滄海〉，在在可以銓釋中國人特有的堅強與韌性，默默耕耘，無怨無悔！您的兒女們雖然成家立業，各奔前程，但心中對您與母親大人的撫育深恩，刻骨銘心，不敢忘懷。兒女們對您與母親大人的尊崇和熱愛也常存心中。兒仔細數算了一下，光是小孫子、小孫女您就有將近二十個之多，所謂〈兒孫滿堂〉是一個光榮成就的名詞！

隔天八月六日，爲母親大人安息九週年，兒將和玉蘭、諾亞、利亞作一追思儀式，獻花祈禱。比較上而言，玉蘭經營印刷公司是忙一些，時間很難把握，有時忙起來會到晚上二三點才回家，夠辛苦的，我們有時也到公司幫幫忙。有些工作可以帶回家裏做的，我們也會分工合作做做。小生意就是這樣，一波一波的有起有落，凡事只有交託上主！

諾亞在同一家電子公司打工一個月，過兩天就回學校上暑期電腦班了。利亞也到一家百貨公司上班，她在鞋業部，有得她忙的了。生活就是教育，讓她好好體會一下。兒所屬電子公司有些成長，營業額是上升了，但願百尺竿頭更進一步！兒有意年底回去看看您與姊弟妹們，求神安排賜福！

順頌　以馬內利！主恩常偕！

八月五日晚　兒　祁生敬上

爸媽旅遊美西紀實（AD 1984）

祁生

7/31 週二，開車到舊金山市華埠 HOLIDAY INN 會面。

8/1 週三，爸媽隨團旅遊。

8/2 週四，開車到舊金山市機場迎接爸媽,返聖荷西市住家。

8/3 週五，爸媽與諾亞，利亞在家休息，我與玉蘭照常上班。晚飯後開車到 GEMCO SUPER MARKET 購物。

8/4 週六，上午十時驅車探望辜國華伯伯，伯母（車程約二十分鐘）。中午辜伯請飲茶（聖荷西第四街的香城茶樓）。下午逛此地最大百貨公司 EASTRAIGHT MALL，並攝影留念。

8/5 週日，中午十時會同辜伯家人，同往拜會莫福如將軍暨夫人。中午莫伯請飲茶（MOUNTAIN VIEW 山景城的梅江飯店）。

8/6 週一，上午九時三十分驅車到舊金山，探望鄧天才老伯（玉蘭的老爸），一同逛遊華埠中國城，中午鄧伯請飲茶（MARKET STREET 的喜華年酒樓）。飯後隨意逛街購物。是日已先爲爸媽訂妥回程機位，並沖洗旅遊照片四卷。

8/7 週二，上午十時開車前往參觀位在聖荷西市內的埃及博物館（EGYPTIAN MUSEUM），中午在三星小館（THREE STAR）用餐。下午休息，今天氣溫甚高，晚飯後開車到附近公園散步。

8/8 週三，上午九時二十分到公園走走，約四十五分到 CONSUMMER 及 ZODY 兩超市購物。中午到麥當勞（MCDONALD）漢堡店吃快餐，爸媽似不習慣老外食物。下午休息後再到 EASTRAIGHT MALL 百貨公司購物。

8/9 週四，中午全家又到香城茶樓飲茶，下午到公園參觀農品展覽。

8/10 週五，上午和媽到三星市場買菜，也順便到 GEMCO 百貨購物，下午在家休息，順便錄了些錄音帶。

8/11 週六，上午九時三十分出發開車北上到紅木城（REDWOOD CITY），購票進入 MARINE WORLD AFRICA USA 遊樂場遊玩，此乃海洋世界，有海陸動物及滑水表演，亦甚愉快。約五時三十分返家，晚上六時三十分到玉蘭的大姊玉芝家探訪，並請我們吃水餃。

8/12　週日，上午九時四十分再出發北上去舊金山中國城玩玩，中午姨妹玉苓和玉芳請飲茶，晚上請吃飯。

8/13　週一，祁生與玉蘭上班，爸媽與諾亞，利亞在家休息，祖孫對談。

8/14　週二，祁生，玉蘭上班，晚飯後到公園散步聊天，順便到 GEMCO 百貨購物。

8/15　週三，提前晚飯，全家驅車到潮成戲院看電影，李翰祥導演的「垂簾聽政」及「火燒圓明園」。

8/16　週四，祁生，玉蘭上班，爸媽在家含飴弄孫。

8/17　週五，下午三時，莫伯與伯母來舍下造訪，相談甚歡。晚上到海龍酒家用餐。

8/18　週六，再到金山市，請鄧伯飲茶傾談。晚上返回聖荷西後，辜伯，伯母來訪，相談愉快，老友依依難捨。

8/19　週日，送爸媽到金山國際機場，鄧伯偕友人前來送行，大夥攝影留念。爸媽先飛日本東京，再飛返台灣桃園國際機場，一路平安！感謝上帝！

是我腳前的路

佩德

感謝三哥起帶頭作用，興起爲爸生平事蹟做整理的念頭，也才使我執筆仔細搜尋記憶裡與爸爸生活的點點滴滴。不禁跌入兒時的時光隧道裡，掀開了回憶的簾幕。

然而許久沒有提筆了，坐在書案前久久無法動筆。因爲不知道該從何說起？

已經是好幾年前的事了。我在諾麗公司上講師訓練課程。其中一個訓練是每一個人六分鐘，講述「這一生中影響你最深的人」。我毫無猶豫的腦海馬上浮現「我爸爸」這個影像。

爸爸三歲就喪父，跟著祖母相依爲命，所以很小就到中藥舖當學徒。十幾歲就投身軍旅，歷經抗日、剿匪無數大小戰役。他帶領著軍隊出生入死、足智多謀、功業彪炳，真的是爲國家立下不少汗馬功勞，也因而很受兄弟同袍的尊敬與愛戴。多年後，諸位叔公輩的親朋好友及部屬轉述，可以得到佐証。

經歷戰爭的描述，三哥整理父親遺作會詳實記錄。政府退守台灣後，徵召父親回台轉任警察。爸爸由警官學校畢業後即當人民褓姆——警察。爸爸一直是一個領導者，平常不苟言笑，較爲嚴肅，少跟孩子們聊天互動。或許是那個年代，不興談什麼建立「親子關係」吧！所有生活上的打理都是母親一手包辦，所以對於爸爸就是「尊敬」兩個字。

爸爸當警官期間，我們搬了好幾次家。由花蓮的中華派出所、北濱街、豐川、美崙再到台南的埤頭、麻豆、新營各個派出所當所長、巡官。在爸爸帶領下的派出所，除了工作績效顯著外，我發現環境都會由簡陋到整潔、欣欣向榮。因爲爸爸會種作物、水果等。印象中就有蕃茄、花生、枇杷、芭樂、木瓜、葡萄、瓠子瓜、長豆莢等。而原本所內就有的龍眼、蓮霧、棗子、文旦等則更加茂盛，引起我們爬樹摘取的興緻。當然也少不得換來爸爸的數落「女孩子家要有女孩子家的樣子」的教訓。

咱們家在台灣的兄弟姐妹是五男二女。而大姐很早在高中畢業就到台中工作，分擔一部份家計。我們鄰居又男丁興旺，所以我在小學時，幾乎是跟著男生舞棍棒、打彈珠、玩陀螺、翻紙牌、跳房子、踢毽子、爬樹、偷摘水果……等等。說來有點狂野。我現在會有點淑女的樣子，還真是爸爸教訓出來的成果？

記得有一次在路上，邊走路邊吃東西。爸爸正好騎腳踏車經過，看到了就糾正我「走路要有走路的樣子」至今仍記憶猶新。爸爸還真是注意細節啊！事實上，爸爸比起媽媽來，確實是思維細膩些哩！

在記憶中，我小學一年級學芭蕾舞時，爸爸騎腳踏車載過我。其實以爸爸微薄的薪水，生活家計之外，要供應我學芭蕾舞，根本是不可能的奢侈。這就要感謝大姐的乾爹——陳伯伯的贊助啦！其後是爸爸的接送，應該爲時一年吧？只是當時年紀小，不太能體會父親的辛勞。

小學時很僥倖的功課總是名列前茅，也常代表學校參加各種比賽：畫畫、演講、注音以及標點符號比賽。尤以演講得過當時全台南縣二十六所國小比賽的第三名。報紙登出來，爸爸還剪下只是整版報紙版面的一小角來告知我。隱約感受到他以我爲榮。他雖然嚴肅，但帶領下屬卻如家人，所以總得到部屬的愛戴。愛屋及烏，當我成績特優時，甚且得到他部屬贈送西華鋼筆的獎勵。以當時的生活環境，西華鋼筆是很貴重的禮物，我還得到過兩次。如果不是爸爸讓他們信服愛戴，我又豈能受人如此獎勵？

說到剪報，順便一提。我在東山國中教書時，因爲認真及付出愛心（持續自掏腰包買勵志書獎勵學生）並被學生票選「最願意幫助學生的老師」而上過幾次報紙，包含一篇社論，爸爸都剪下報紙出示予我，我才知道自己上報。這些貼心細膩的舉動，非常令我感動。而此時也已長大，已能深切感受出他真的以我爲榮、爲傲的快樂心情了。

小學畢業時得鎮長獎。爸爸真是儒家思想的奉行者，認爲要感謝老師的辛勞，於是買了一籃水果，載著我去莊登燕老師家答謝。炎炎夏日，炙熱太陽下，汗濕了爸爸的衣裳。我小小身軀坐在腳踏車前的橫桿上。耳朵聽著爸爸努力踩著單車踏的急促喘息聲，而頭就貼著爸爸汗濕了的厚實的胸膛上。我心裡激盪著莫名的感動。這是第一次感受到與爸爸是如此的貼近而我又是何其的幸福？因爲我已稍稍成長，已經可以體會出爸爸待人接物、應對進退的禮節以及他默默中所流露出來的敦厚慈祥的關愛，令我永生難忘。

爸爸很少用言詞表達關心。但有一次天涼了，他摸摸我的手臂，問一句「冷嗎？」雖然只是簡短兩個字的話語，卻頓時一股強勁暖流，迅速竄通了我全身的細胞。那時受到關注的愛是澎湃飽滿的。就是那麼的細微，你體察得到他溫暖的愛。

爸爸常定期到學校演講，宣導「交通安全」及「保密防諜」等訊息。告訴你們一個祕密，我每次代表班上演講，講稿都是爸爸操刀的。有內涵、有氣勢的講稿，總爲我帶來優異、亮眼的成績。

表現優異的我，又長得秀麗（適時的鼓勵一下自己。哈哈一笑！）當然在男、女合校的情況下，有許多追求者。有明著來的，有暗著來的。而暗著來的，我不知道。原來信件通通被爸爸收走。這是一位同學問起我收到信件否？我問了媽媽，才知道爸爸是如此嚴格的把關，爲了不讓我學業分心。我也挺爭氣的以學業爲重，考上台中女中。從台南上台中考試，爸爸就是請假陪考，沒有第二句話。以前考場休息室可沒有冷氣的喲！只有手搖扇一搭一搭的稍稍消暑而已呵！

因爲小學、初中一直是學校風雲人物，上高中時，爸爸特別叮囑「女孩子家，不要鋒芒太露」，所以高中，除了作文沒有辦法，被老師挑了去參加比賽以外，我可是一直低調著的，是班上的好好學生。由畢業紀念冊同學留念的話可以為証「深潭默然，淺流乃潺潺作響」我可是深潭喲！

及至上大學，爸爸又言「年五十，而知四十九年非」爸爸是指自己的修為，卻無形中又給我上了一課。我們應當時時謙卑自省，不可志得意滿。就像稻穗越成熟，腰是彎得越低垂的。爸爸果真是奉行「寬以待人、嚴以律己」的信條。所以爸爸到哪兒都受人敬重。原來爸對我說過的話，也一直指引著我人生的道路，影響我至深且鉅啊！

想到爸爸，真個是一直努力進修的人。「天行健，君子以自強不息」爸常自練書法、作詩填詞，完全無師自通。詩詞也常刊登在報社。（看來大哥、三哥得到真傳）。書法甚至遠赴大陸、日本參展，別人還跨海求取墨寶。我還真忝為中文系的學生，自嘆弗如也！

爸退休後還跟師傅學裱字畫，一直進修學習不懈，提昇自己各方面的才藝，真所謂「活到老，學到老」。而且注重養身，練太極拳、教太極拳。又講到養生，可能因為爸爸在中藥舖待過，所以爸很懂得養生，平日會溫補養氣。爸來高雄時，我會每日幫爸爸用小碗放入當歸、枸杞、紅棗、黃蓍和一些瘦肉燉湯。爸只喝湯，肉則給外孫東東吃。

現在想起來，我們是否也可以如此養氣？爸的手藝比媽媽好，常常是爸爸教媽媽做美食。他動口、媽動手，所以我們就有口福啦！

我最要感恩的是，大四時我當班代表，主辦畢業旅行。回程回到台南，合辦的成大化學系及本班一部份同學，約莫二十餘人來咱家吃晚餐。爸爸親自下廚，跟媽媽兩個人忙翻天。做了近二十道豐盛佳餚，像辦桌似的！。家裡容納不下這麼多人，桌子搬到前面庭院，還用延長線把燈泡拉到外面來照明。大夥兒吃得讚不絕口、不亦樂乎！現在想來，我都不好意思，怎可如此煩勞爸媽呢？那餐飯卻也給了我們一個多麼美好的回憶！無限感恩！

我到了這個年紀，才深知修養生息的重要，爸爸可是一直都這麼做的哩！我還真的幾乎沒有看到爸爸動怒過，所以他的涵養、他的修爲、他的養生，才如此讓人津津樂道、讓人懷念、讓人敬重。爸有一位畫家好友李曼石先生，可是香港嶺南畫派的始祖哩！在台灣展出過許多次畫展。他住高雄期間，爸每次南下，必會拜訪他。我們家仍珍藏其墨寶。

爸爸也是個勤儉自持的人。一條黑皮帶用到已磨損了皮質，都快變成黃皮帶了，還在用。西裝褲也磨損了褲腳，屁股處變薄了，也捨不得丟。我一定要強迫買給他新的，他才肯穿上。來到高雄，我總要偷偷塞給他一些錢，帶他去茶樓，請子明叔公、鼎中叔或東榮叔同去飲茶。他跟親朋好友相聚，也總是大家衆星拱月、注目的焦點。爸既是老長官、又是兄長。而且年齡越大，心更是柔輭。如此學識淵博、如此謙冲爲懷、如此受人敬重。他就是我爸爸。

印象中，爸喜歡嘗試各種新鮮事兒。在花蓮時養過兩籠小兔子。自己釘的木籠子，似乎木條間間隔太大，生下的小兔子，第二天全不見身子，被鄰家狗狗刁走了。在台南埤頭養過小鳥「十姐妹」，那時可流行的咧！價錢可以翻好幾倍，但不知爸賺了否？在痲豆則養雉雞，圍了個好大的鐵絲網。雉雞色彩甚爲鮮麗，但也不知是爲了好玩？抑或爲賺錢？不可得知。那時候也沒有想過問爸爸，因爲沒有什麼機會聊天。搬到新營時，也栽種了好多品種的蘭花，把庭院妝點得賞心悅目，充滿了文人的氣質哩！

爸從不會當面誇獎孩子。小學時作文，每每被老師拿來唸給同學聽，爸還會問：「這是你寫的嗎？」不可置信？哈！初中曾文中學時，讀書很拚。初三時，丁鏡清老師說：「競爭太激烈，要考上好高中，每天只能睡四個小時。」我還真照做吔！晚上十二點睡，鬧鐘調早上四點起床，怕吵到爸媽，還將鬧鐘抱在棉被裡。鬧鐘一響，馬上按掉，然後起床。先把米淘一淘放入電鍋中煮，那時中午是帶便當的。只在這時聽到爸跟媽說：「阿妹很乖！」這樣子讚美的話，可是只有在背後才聽得到的喲！

以前，我們尊爸爸爲天，是很崇敬的。即便意見不同，是擺在心裡，只有順從，不敢違拗的。現今的時代，卻常讓我感嘆，是否變得太快？太多？到底是教育出了問題？還是社會風氣太自由，價值觀扭曲？孩子對父母的態度，意見不同時，可以以溝通的方式，但爲何是激烈的反抗、爭吵？甚至是發生逆倫血案？讓我們徒嘆世風日下？卻也因此讓我更加感恩。我們可以生長在如此祥和的家庭裡，在父母保護的羽翼下及教誨下，雖然經濟並不富有，但是精神卻如此富足。尤其我們一家兄弟姐妹，相親相愛，相互扶持照顧，其樂融融。現在又加上下一代、下下代，熱鬧歡樂非凡。讓所有認識我們家族的親朋好友都稱羨不已。這可也是父母留給我們的最寶貴的資產啊！

還有值得一提的，因爲兄弟姐妹眾多，每到開學時，也是父母親最頭痛的時間點。就算借錢，也把我們一個個都拉拔到大學畢業，這可不是簡單的事情呀！以前台中家的書房牆上，一張張兄弟姐妹被父母裱框起來的學士照，併排列著，相信也是爸媽引以爲傲的成績吧？

爸住台中時，多虧大姐的就近照顧。大姐常常做些好菜孝敬爸、媽，陪伴爸媽。母親仙逝後，爸有一段時間，自己住台中。記得曾經有一次昏倒，適逢健生弟返家，及時送醫救治，真算是命大、有福氣的人。後經大家不斷勸說，爸才南下善化住孔生哥家。也虧得三哥、三嫂，尤其是三嫂細心的照護，爸爸度過了很愉快又享有天倫之樂的數載光陰。而後又去當醫生的健生弟家住了數年，也得到健生、秀珍的陪伴照顧。說起來，因爲爸爸的人品修養、福德深厚，最終幾年得著三哥、健生弟的陪侍在側，算是很有福氣的頤享天年。

雖說我們萬般不捨，但也安慰於爸爸的好走。爸爸一覺睡下，面容安祥的蒙主寵召。中國人言「壽終正寢」這要多麼有修爲的人才得以享有的福氣呀？我衷心的期盼我日後也能夠如此好走哩！

「樹欲靜而風不止，子欲養而親不在」我們可以承歡膝下、陪伴父母、奉養父母，也是我們的福氣，真該好好珍惜這樣的機會。我追悔當時沒有撥出更多時間可以相伴，但也在這裡呼籲後生晚輩，可要及時把握與父母共處的時光啊！

這不是歌功頌德的文章，而是「見微知著」。由細微小事的敘述，讓大家知道、看到，一個人的行爲舉止所彰顯出來的聰慧、涵養、大器及溫暖，在在都是我們的楷模及榜樣。我們丘氏家族特有的氣質——溫暖關懷人的愛心，是不是也在這樣不知不覺的薰陶中培育而成的？讓後生晚輩們去感受、體察吧！

父親二三事

健生

父親在世的最後幾年是在我家度過的，每每思想起這段時光，總覺得有些愧疚，因爲那一陣子，不管是工作和家庭，我正處在不穩定的情況中。

之前不算短的歲月，父親受三哥和三嫂體貼盡心的奉養，那一份用心，令人敬佩，父親在這樣的照顧下，大可順順利利的過日子，含飴弄孫，頤養天年，而我相對之下，生活品質大有問題，長久的軍旅生活，已習慣了自己過日子，即便結了婚，也因工作而獨居在外，想提供一個像樣的環境來奉養父親，真是難上加難。

父親明知來我這裏以後，兩個大男人在一起，恐怕〈同甘〉的時間少，〈共苦〉的時間多，要享清福更是難上加難，而父親仍毅然遠赴屏東，想來有兩個可能原因：

一是父親是一個不喜歡麻煩別人的人，即使是與自己的兒女同住，他都怕會造成孩子的壓力。要不是之前在台中生發生高血壓昏倒的事件，使大家心生警惕，不好讓他再獨居生活，他可能還會獨自待台中更久；三哥和三嫂雖然那麼孝順，但善化待久了，父親仍考慮換人接手，這是父親個性中比較放不開的一面。

二來與我同住麻豆，想給我精神上的支柱。那一段日子，我正焦頭爛額，父親來了，我除了張羅三餐〈外食〉，租點錄影帶提供消遣外，再也變不出什麼花樣來安排他的生活。父親人生地不熟的，我上班又無法陪他，只能讓他自己在附近逛逛，發現一些新鮮事以自娛，要不就是讀讀書練練毛筆字，我下了班回來，兩人四目相對，不知說什麼好，既無女主人可以貼心的噓寒問暖，也沒有孫子孫女可以讓其逗弄，雖說假日儘可能帶他出去走走，但對他而言，那一段日子應該是很無聊的。他願意陪我，其實是為了穩定我的情緒，能適時給我一些智慧的指引，我看得出來，父親為了我的事，備受煎熬，常終夜輾轉反側，他雖不說出來，但關愛之情溢於言表，無聲勝有聲，看他這樣子，我也只能痛在心裏，無法多說些什麼，只覺為人子者大不肖莫過於此，但希望儘快熬過這段難關，日後讓他過上一段舒心的日子做為補償。

不愉快的歲月總算度過，秀珍開始持家，非亞出生，我也在潮州落戶開業，心想總該可以好好盡孝老人家了吧！

然而爲人父母者只要沒有闔眼，一輩子都在爲子女操心。由於診所跟住家在一起，診所發生的大小事情，父親都一一目睹，他見識到一個婦產科醫師的忙碌與風險，半夜接生、緊急開刀、急救轉院，在在都使他觸目驚心，樓下診所在忙時，他老人家在樓上提心吊胆，直到樓下處理妥當無事，他才鬆口氣，印象中，父親有一次問秀珍說我們可不可以不開業，令我哭笑不得，想來他承受的壓力不亞於我們。

診所的業務逐漸上軌道，父親也較能放開心情安排自己的生活，像打打拳、逛逛公園、散散步、寫寫字，當然，抱抱孫子自不在話下，一有空，全家外出走走，遊山玩水，吃吃館子，總算可以舒一下心，過上好日子。

然而，就在診所開業不到一年，一九九七年十月七日的清晨，父親無預警地，在睡夢中告別了我們，回到了天家與母親相聚，沒留下隻字片語，瀟灑的離開，毫不拖泥帶水，一派自然，符合父親的行事作風。

父親跟我一起住的時光，起初幾年，陪著我度過不平靜的日子，對一個八十歲老人是很不公平的，但這是父親無怨無悔的選擇，我也只能接受，只盼得有一日，我的生活困境，雲開霧散，能讓他快快樂樂的頤養天年，也好彌補我的罪過。然而樹欲靜而風不止，子欲養而親不待，當一切正要好轉的時候，我還來不及試著學習三哥三嫂貼心的照顧，他卻好像完成任務似的，丟下我們，迫不急待趕去跟母親會合，難不成他真是受母親之託留下來照顧我的嗎？看我較穩定了，似乎不用再操什麼心了，接下來有沒有好日子可以享福已經不重要了，可以對老伴那兒有交待了，便此卸下重擔，逍遙去也，徒留下我深深的遺憾，未能報親恩於萬一，每思及此，痛愧交加，無地自容。

我很早便離家獨立生活，與家人聚少離多，跟父母互動更少，只有寒暑假才回家，鮮有事讓我操心，家中大小事盡落在永生身上，好像那麼天經地義，如今回想起來甚感慚愧，也因爲跟父母互動得少，父親初與我住時，我有點不知所措，可想而知那股窘勁，不過久了也就習慣了。父親在世最後的時光，有秀珍和 LUDERS 的照顧，大家互動良好，父親有時還會下廚秀一下手藝呢！

父親個性耿直，嚴肅中有其幽默活潑的一面，〈望之儼然，即之也溫〉最能貼切的形容父親給人的感覺。

父親做事踏實，穩健，思考縝密周詳，固然使他軍旅生涯中行軍佈陣屢建奇功有關，以後在警界服務面對難題時也同樣游刃有餘，有趣的是這種人格特質也反應在下棋中。

父親喜歡下棋，公務閒暇之時，常見他與同事捉對廝殺，一來一往間，殺得日月無光，風雲變色，當局者糾纏不清，步步殺機，往往在難分難解之際，偏偏到了用餐時間，只好依依不捨的把棋局封存，飯後再戰。可見象棋對他有多大吸引力！偶而他在家中興起，便拉著我來上一盤，想也知道，我哪是他的對手？爲了能成局，父親一開始先讓我車馬炮，在不對等的實力下，我依然兵敗如山倒。經過了一段漫長的時日，我才逐漸拉近彼此的差距，終於父親可以不用讓子，但想從他手中奪得一勝，真難如登天，印象中父親與同事對奕，也是勝多負少。

我讀大學時有一陣子熱衷鑽研棋譜，幾乎廢寢忘食，想起父親一慣的佈局，便乘機參研一番。他開局總是先起兵卒或相馬，接著好像照表操課似的一一落子，完成一系列的佈置。到這時你發現各棋子間環環相扣，彼此照應，固若金湯，等後防建構既成，他便好整以暇，揮軍東指，敵方砲火雖猛，卻難撼動他的陣地。

我初識棋譜，學了幾招較强勢的開局，覺得父親落子稍嫌保守，再次對奕時，或有機會取勝，因此躍躍欲試，想印証所學。當年暑假回到家，依往例父子免不了殺上幾盤，此時的我意氣風發，信心滿滿，乃盡展所學，砲火全開。父親可能也没料到數月未見，我的棋風丕變（從小與父親下棋，久了連下法都相似）父親一不留神，讓我乘了先機，小占了上風。但隨著棋局的進行，情勢逐漸改變，我開始左支右絀，節節敗退，終至棄子投降。父親微微一笑，含意深遠，不知是爲了這場勝仗感到得意呢？還是爲我的棋藝小有進步稍覺欣慰呢？

事後我檢討這場戰役，不得不佩服薑是老的辣，我見獵心喜，貪功冒進，終至一敗塗地，父親狀似保守，實是步步爲營，謀定而後動，不受一時的衝擊而改變既有的步調，最後終能贏得勝利，「善戰者，先爲不可勝，以待敵之可勝」孫子兵法的精髓再次在父親身上獲得印証。

我後來有了自己的工作，很少再有機會跟父親下棋了，很高興震亞接手我的位置，能陪父親下棋，稍解他的棋癮。

父親處世低調，寧拙勿巧，不喜浮誇，更厭譁眾取寵，屬於「質勝於文」的典型。我中學時，父親有時候會買一些批判社會時事的政論雜誌，裏面不乏嘻笑怒罵，筆端辛辣的文章，我也會順手取來一看，正值叛逆時期，自然一拍即合，看得大呼過癮，我跟父親說文章寫得痛快，他只淡淡的回了一句：「希望你不要學他」。初時我不能領會他的意思，只覺得大煞風景，日後年歲漸長，自己也經歷了些事，才明瞭他的苦心。父親深受孔孟儒學薰陶，服膺「溫、良、恭、儉、讓」的處事哲學，所以不希望我變得尖酸刻薄，盛氣凌人。

「必也狂狷乎，狂者進取，狷者有所不爲」，父親應該是比較傾向狷者的，而我年少輕狂，好發高論，求學期間，闖下不少亂子，以當時的時空背景而言，其實蠻凶險的。最嚴重的一次，鬧到學校考慮要把我開除，爲了擺平我的事，父親去學校低聲下氣，說盡好話自責教子無方，才勉强把我保住免於退學，父親一夜之間頭髮盡白，可見他受了多大煎熬？但事後他支字不提，無有任何一句責備之詞，彷彿不曾發生過一樣。我心想，或者父親私下並不以爲我是錯的，貿然責備我，恐寒了我的心，從此喪失了對是非的堅持，但他又不能不出面解決。在那個時代我這樣魯莽的行爲只會帶來災難，父親已目睹太多不幸的事件，他不要我自誤前程，但此事我卻自責甚深，照說我已年紀不小，爲人行事應有分寸，自己闖禍自己擔，如今卻連累老父拉下老臉，好說歹說爲我背書，情何以堪？但父親爲兒女付出就是這樣無怨無悔，想不到的是，多年以後還有更大的風波發生在我身上，讓他度過了一個不平靜的晚年。

父親一生經歷了多少凶險，在他眼中其實沒有什麼是了不得的，但爲了維持這個家的完整與溫暖，他必需承擔委屈。我想起魯迅的詩句「橫眉冷對千夫指，俯首甘爲孺子牛」，正是父親的寫照——對外不卑不亢，爲子女則甘爲牛馬。

父親長年軍旅生活，四處奔波，沒有多少時間接受正規的文史教育，只是他酷愛讀書，不管身在何處，旁邊總帶著幾本書，父親自承他最佩服國父的正是這一點——書不離身，而我最佩服父親的也同樣是這一點。

父親無所不讀，尤好古文觀止，東萊博議，散文集則獨鍾幽夢影，詩詞則不拘一格，唐詩宋詞算基本款。我記得有一陣子，他專注的讀秋謹的詩，我耳濡目染也背了幾首，時事、政論雜誌他也看，興趣極廣，鑽研也深。神奇的是，這些廣泛的閱讀全憑自修就能融會貫通成爲他的養份，寫起文章來，氣勢縱橫，架構堅實，說理諄諄，動情款款，二姊和我演講多次屢戰告捷，其文稿全出自父親之手，試問非天縱長才焉能如此？

談起詩詞，父親可帶勁了，一本詩府廣韻可被他翻爛了。大約在我高中階段，正是父親最熱衷於詩作的時期，三不五時便有作品產生，創作力處於巔峰，家中大哥本身就很喜歡詩詞，平常寫毛筆字不是琵琶行就是陋室銘。這一來父親更引爲知音，一有新作，必秀給大哥看，兩人互動良好，我等只能〈惦惦〉做欣賞狀。父親作詩純粹自學，但憑感覺自有音律節奏在其中。人家說「熟讀唐詩三百首，不會作詩也能吟」，指得是就是這種感覺，但光憑感覺是不夠的，雅俗優劣，高下立判。「書讀萬卷氣自華」，父親因有深厚的文學底蘊，作出來的詩即便不合古韻平仄的框架，卻瑕不掩瑜，自有一股優美的氣質。當然父親不是自我感覺良好的人，爲求精益求精，他乃進一步鑽研詩韻，因此後期的作品就更加嚴謹了，有幸的是，我在父親和大哥的聯手薰陶下，也在那一段時日對詩詞著實下了一番工夫，至今能背長恨歌，琵琶行等長詩，跟朋友酒酣耳熱之際來上一首，令人爲之側目激賞，我也得意洋洋，說來還真得感謝父親和大哥。

父親還有一樣很重要的娛樂——聽粵曲。吃過晚飯，我們做完功課，父親便放上一兩張粵曲唱片，聽著聽著不知不覺跟著搖頭晃腦哼唱起來，那種陶醉的神情至今思之難忘，父親日操夜煩，少有舒心時光，此時渾然忘我，臉上肌肉放鬆，線條柔和，嘴角上揚，似夢似醒，那是何等愉悅溫柔的表情！自然那也是一個何等令人懷念的夜晚，也是因爲有過這麼一段歲月的薰陶，至今我有時在洗澡時會來上一段「淚似簾外雨，點滴到天明，空房冷冰冰，山伯孤零零……」自娛一番。「古調雖自愛，今人多不彈」，如今後輩不太能體會粵曲之美，但是對我們而言，卻代表一段甜蜜的回憶呢！

父親離開我們已經十七年，他留下的言行典範仍深深的影響著我們。我們一家人能和樂融融，寬厚待人，有爲有守，明辨是非，維持家風不墜，皆是受父親人格感召，潛移默化所至。

三哥興願爲父親作傳，留給晚輩一段歷史記憶，雖然他（她）們沒有像我們兄弟姊妹那麼幸運可以親炙父親的言教身教，但經由這些文字，依然可以感受到他溫柔敦厚，寬以待人，嚴以律己的處世風格，和堅忍不拔，有始有終的做事態度，光明磊落，不卑不亢的人格修養，以及體貼細心，任勞任怨的愛家親情。緬懷之餘，如果我們能從而學到父親的精神，對往後人生有所助益，那才是這本傳記最大的價值。

今天下班回家

永生

今天下班回家，一輪夕陽紅透半邊天，莫名感動！鹿港夕陽也可以溫暖美麗如此！雖然以前也常有類似這樣的經歷，但是今天（1030324）腦海為何如此鮮明的浮起爸媽的圖像；每逢佳節倍思親，心想是這個原故吧！

父親正直嚴肅，家教嚴格，關於不忘本這件事，對我們說過：「回到家裡一定要講廣東話」，雖然我講的不是很流利，同事朋友提到香港旅遊，找我當導遊準沒錯；〈上海灘〉，一直是我的招牌歌，心想會講廣東話確實有些許優越感；父親真有遠見，父親在書法上的造詣也是我們學習的榜樣，印象很深刻的事是，每個星期日早上，有父親書法教學與我們書法臨摹的時間；有一次小學書法課程，我的書法作品竟被老師展覽在教室公布欄，心中的喜悅久久不能平息，有事沒事我就貼近欣賞一番，至今那個場景依然清晰；就連在公司海報的製作上，我在書法的展現仍然令人印象深刻。

父親遠見再次明證；家住新營時期，警察宿舍前有一條長長巷道，兩旁佈置紅磚整齊美觀，行走一段時間紅磚或會倒塌，路面不整，父親率領我們，修磚補路，鄰居總是投以感激的眼神，我們從此深刻體驗了〈義工〉與〈助人〉的真義，父親正直率真的性格與教導，一直以來是我們行事爲人的榜樣，不敢怠忽！

媽媽是一個吃苦耐勞樂觀進取，人緣超好的人；記得小學埤頭時期，跟著媽滾捲炮竹，賺取微薄收入；種一些青菜，不用化學肥料，每天傍晚拿起套上水瓢的長竿，撈起摻有些屎蟲的肥料施肥，青菜長得個個肥嫩好看，我也幫忙其中，頗有成就感的，這樣也可省去買青菜的錢，想必多少有助於家裡經濟開銷吧！

台中時期住的是四樓房，媽媽買菜像是天經地義的事，雖然我也會陪媽買菜，但總在假日，心情不好就不一定會陪媽買了；有一天媽買菜回家走到三樓呼叫我說，她手麻腳沒力走上來，我趕緊下去幫忙，事後知道母親有心臟無力的問題，爲何我當時沒有警覺，應當督促母親好好治療，且分擔買菜的事呢？因爲母親對於此事的態度，我誤判以爲沒那麼嚴重，俟後日子一如往常般，母親任勞任怨從沒說過〈苦〉字，母親蒙主寵召那日，病因診斷爲腦栓塞，起源應是心臟無力致腦部血液供應不足所致，現在想起這事，總覺自己對於母親的身體狀況太過輕忽了，愧疚在所難免，及早關心及早治療是多麼需要重視的一件事啊！

母親參加了外丹功社團，非常快樂與忙碌，同時也充分展現了親和力與領導魅力，有一次社團舉辦旅遊活動，母親因爲有事無法參加，這個活動就因此改期，也太有影響力了吧！經營一個好的人際關係，母親可是我們學習的榜樣啊！

兄弟姊妹個個成家立業，分佈國內外，依然不忘頻繁聚集與聯繫，父親有交代：丘家不能因爲父母不在了，便失去了固定圍爐聚集的家族傳統，感情才能緊密維繫在一起，相親相愛直到永遠！至今我們謹守父親告誡行事，兄弟姊妹孫甥侄聯繫不斷，感情緊密，知道認識的朋友個個羨煞不已！

父母親更留下一份非常重要的產業：基督，我記得小時候父母親帶我們去過教會，之前雖然沒有接受所謂〈受洗〉，卻是種下了基督這個種子，神的憐憫，我在八十六年十二月二十四日受浸，父母親都是虔誠的基督徒，神愛世人，祂必將祂自己栽種在我們裡面，也必親自澆灌祂自己，必叫我們因祂生根發芽，以至長大，得著祂永遠的生命，聖經說：一人得救，全家就必得救。感謝父母親給我們這個寶貴的產業：基督，感謝主耶穌，求主祝福我們丘家全家族，平安喜樂！

103.03.30　凌晨11點0分

父親

聖生

我久久還是會將這本書拿出來翻一翻，雖然它不是甚麼經典名著，但是它卻記載著一個老兵親身經歷的史實。從對日抗戰直到戡亂剿匪，幾十年前刻骨銘心的心路歷程，在字裡行間表露無遺，這本書取名爲「住馬憶舊」，這本書是父親留給我們最好的遺產。父親當年響應蔣委員長「十萬青年十萬軍」的號召，毅然決然離開了家鄉，投身軍旅，當時年紀約莫十八歲。

民國二十六年七七盧溝橋事變開啓了八年對日抗戰的序幕。戰事已啓，大夥莫不摩拳擦掌，枕戈待旦。部隊集結出發前，父親致函其叔叔謂三個月後若無信息，就請其轉告家鄉的母親，他已往峨眉山修道去了，請母親不必懸念。國難當頭，忠孝不能兩全，捨孝而取忠者也。這般的氣節，是吾輩的驕傲，更應讓後代子孫了解與傳頌。

讀過此書，可以發現其中詞語仍帶文言味道，可知父親有其一定國文底子。我一直納悶，父親年少即投身軍旅，征戰沙場，那有空閒讀書習字，來台之後警務繁忙之餘，似亦未見父親刻意勤於習文。個人推測應是父親從小即已接受長期教育，父親本身應亦勤奮好學，十七、八歲確能奠定相當基礎。退休後則持續自己的興趣，專研詩、書，研讀傳記文學等，更提升了水準。

父親過去從軍的經歷，幸得此書，吾等從中尚且可以獲得梗概。然遷居香港期間，相信仍有許多趣事，尚待兄姊分享。來台之後居住花蓮期間，三哥的記述則較為完整，相當可貴，也期待其他兄姊能夠補充，使內容更臻豐富。

幾番思索，記憶中從小到大與父親的互動似乎並不多，把記憶拉回孩童時期，試圖找尋蛛絲馬跡。全家隨父親從花蓮幾經勞頓搬遷至麻豆埤頭派出所任職，而我的記憶從此才開始。

父親軍戎出身，加上平日忙於警務，除了回家共同用餐之外，甚少與我們互動，印象中父親相當嚴肅，不苟言笑。記得有次媽媽說下班後要到麻豆沈伯伯處，我當然吵著跟去，媽媽說她不能決定，要我自己去問爸爸。對我來說是個難題，但終究硬著頭皮去到派出所，父親正低著頭批閱公文，我則期待他抬頭看看我，我也好順勢提出要求。無奈不如預期，我只好主動說明了要求。片刻後，父親依舊低著頭，隨口回了句：「嗯，……好！」(廣東話)。當下我疑惑了，但卻不敢再問，便飛奔回家。媽媽問我結果如何，我把父親的話重複了一遍，隨即追問媽媽這到底是表示「好」還是「不好」？媽媽笑而不答。記得當晚有在沈伯伯店裡吃到冰淇淋。

小時候爸爸會要求我們回到家不要講台語，要講廣東話，這可能也是爸爸的台語一向不好的原因吧。埤頭宿舍後院有個小水池，上面架著藤架種有葡萄，靠牆邊有顆蓮霧樹。當果子成熟時，附近小孩總會來採吃，有日中午時刻，父親正好目睹小孩採果，父親用台語大聲嚇阻：『打屁股』，我和五哥在旁則憋笑了許久，因爲發音聽起來像「打卡粗」(台語)。

可能是受過日本統治的陰影，當時警察還是有相當的威嚴。聽說父親有次去查戶口，看完戶口名簿後，用台語問了該戶家長：「有印仔嗎？」，該家長趕緊叫老婆進屋將所有的小孩叫出來排排站，深恐有所怠慢。父親當下哭笑不得，最終在比手畫腳之下完成了戶口查察任務。

其實父親要求我們多講母語也是有道理的，但一直以來咱們似未確實尊示，所以我的廣東話其實講得並不準確道地。記得八十六年七、八月暑假帶小朋友到宜蘭一遊，想說宜蘭爸爸應該很少去，就打電話邀爸爸一起同遊，通常跟爸爸通電話都是講廣東話，電話中我提到：「宜蘭⋯，你好少去，⋯」，廣東話不輪轉，中間多有停頓且發音並不標準。停頓間，突然聽到爸爸略帶不悅的口吻回話：「怎解講話我小氣嗟？」。我趕緊繼續用我破廣東話試圖解釋其中的誤解，但真能釋疑多少不得而知，總之，該次宜蘭之遊是順利成行的。

在民國五〇年代，警察還是個令人敬畏的權威象徵，父親當時是地方派出所的所長，可以想見是人人逢迎拍馬的對象，公務人員收入微薄，更何況家裡人口眾多，父親若要趁機撈點油水應該是易如反掌。逢年過節總會有人送禮到家裡來，有一年中秋節母親收下了別人送來的禮盒，年幼如我當然雀躍不已，心想有月餅可吃了。隔天聽媽媽說父親對此相當不高興，並已差人立即退還，月餅當然吃不成，頗令人失望。父親從事警務三十年，退休時依舊兩袖清風，猶記得每當學校開學之時，父親必須先設法籌措學費以應急。父親爲人處事公正不阿、清廉自持，是父親給我們樹立最重要的典範，深深地影響著我，直至今日，我仍謹守惕勵。

因爲父親警察職業的關係，循例必須定期輪調，我的童年生活似乎也因此豐富多元。埤頭鄉下鄰居多會在自家飼養雞鴨鵝等家禽，小孩個頭小，常被鵝追著跑，嚇得哇哇大哭。住家附近有個埤塘，傍晚時分，大夥兒赤腳踩進淺水區的爛泥巴，兩手不停地在混水中摸索，泥鰍則不時地從指縫中掙脫。玩累了，我們會折取數段竹片自製短釣竿，以蚯蚓爲餌，沿著埤塘邊坡斜插著，靜待青蛙上鉤。不需半個鐘頭，各支釣竿上掛滿了肥胖的青蛙，輕易即可享用清甜的田雞大餐。

民國五十幾年黑白電視才剛問世，警察宿舍中僅有一戶買了電視，左鄰右舍羨慕不已，尤其每當下午四、五點播放卡通影片時段，該戶人家窗邊擠滿了小孩兒，非得聽到自己的媽媽喊著回家吃飯囉，才肯勉強離去。小時候沒甚麼娛樂，流行的遊戲有公仔紙牌、打彈珠、彈橡皮筋、打陀螺，玩法五花八門。

大約是小學三年級，麻豆派出所宿舍對面有家水泥涵管製造廠，廠房旁邊有個小蓄水池，放學後鄰居小孩總會結伴到水池玩水。

有一次，大夥兒正玩著，突然聽到有東西掉下水的聲音，回頭注視水面，一會兒一雙小腳冒出水面，瞬間又沉了下去。我和同伴跑到落水點附近準備救人，這會兒是小孩兒的頭冒出水面，我和同伴立刻抓住他的衣領，順勢拉上池邊。小孩兒似乎並無大礙，意識清醒，約莫三歲左右。正當大夥兒打量著，一位慌張的媽媽衝了過來，抱住了孩子仔細端詳了一番，確定孩子沒事這才放心。

這位媽媽定了定神，連忙跟我們兩位救命恩人道謝，並從衣裳裡掏出五毛錢給我們，以表謝意。我和同伴認爲救起小孩本是自然該做的事，並未接受她的謝禮。每每回想起此難忘的經驗，心中總有一股喜悅油然而生，應該可以媲美司馬光破缸救友的故事吧，是不是也可以列入小學課外教材呢？唉，真是想多了點。

到了現在這個年紀，常覺肩頸僵硬，有人能幫忙捏一捏確實舒暢。以往父親偶爾會要人幫他按摩，我不在則叫五哥，我在家則一定指名我：「阿細，來幫我撻一下」（廣東話）。其實按摩力道過猶不及都不好，五哥的力道十足但不夠細緻綿密，舒服度無法持續。

而我的力道則恰到好處，如此才能持久，否則從頸部、肩部、上背一直到下背部，最後手一定痠軟無力。仔細想一想，從小到大，幫父親搥一下，似乎成了彼此最親密的接觸方式了呢！

父親的武術造詣對我來講也是個謎。

在我有記憶以來，不記得父親曾花時間跟師父練拳練劍，只記得父親在新營任職時期，曾試圖傳授太極拳于吾等不長進的孩子們，目前看起來是沒人傳承下來。莫非此等技藝也是父親年幼時在家鄉即已習得，目前尚未獲得謎底。待父親退休後定居台中，才較頻繁地看到父親練拳練劍，似乎亦有學徒跟著父親練習。

唯恐武藝失傳，父親曾安排時間要我陪同前往住處附近的廟宇前廣場，廟前矗立兩座雄偉獅子石雕，陪襯著雕樑飛簷特有建築背景，取好了景，便展開太極劍法演繹寫真，當時還是膠捲底片時代，僅能分解動作片段留影。透過鏡頭，我看見的是父親認真確實的動作，柔軟優美的姿態，以及臉部眼神的張力，雖是瞬間的捕捉，卻是我永恆的記憶，有幸我曾經參與。

事隔數年的過年假期，父親相約至住家附近的省三國小校園一隅草皮，仍由我掌鏡，以攝影機記錄下父親一身好本領，先是演繹了一段太極拳，接著太極劍上場，全套演繹下來確實需要相當體力，只見父親呼吸略顯急促，神情依舊泰然，但因已近午時，就此打住。隔日同一時段繼續完成三才劍演繹。當年父親已七十五歲，其膝蓋向來微恙，而上述劍術常需下蹲、扭轉、跳躍等難度較高的動作交替運用，對於膝蓋的負荷相當大，父親仍舊全套完成，這種堅毅、執著的精神，正是父親一生的寫照。此段精彩影片，已於年初編輯燒錄於碟片將分送兄姊珍藏，也算是小弟我對於父親過往點滴以影像陳述的另一種方式。

父親退休後定居台中，致力於書法、詩詞的創作，亦常參加書法協會並展出作品，收錄於台中書法協會會員展專輯——志道遊藝集，小弟手邊就收藏有八十一年版。往常假日回台中，父親可能有邀稿必須完成。

父親常提到書法單字個體固然重要，但一幅字畫則必須看整體，因此運筆的氣勢非常要緊，要能夠前後呼應一氣呵成，一幅字畫若分段分時完成，勢將影響整體性。家裡其實並無適合的桌子能夠讓一幅字畫完整攤開，父親平日都是以方型餐桌將就著做為書法練習的地方。為求完美，稿件總不能馬虎，父親會要我們幫忙拉移宣紙，好讓父親能夠順暢地接續完成整幅字句。

有時候在旁觀察父親書寫時專注的神情，以及運筆之間點、豎、衡、捺、勾手腕精細地轉移，字句之間的連接與停頓，著實令人著迷。這般情景怎能錯過，於是拿起相機趕緊捕捉，深怕遺漏了甚麼細節，父親噘著嘴巴的忘我的表情，不僅留在膠捲裡，也深印在我腦海之中。有段時間，有空我也會提筆練練，當然功力不及父親萬分之一，只能算是附庸風雅罷了。

父親生前送給我一塊硯台（聽說購於大陸）、毛筆數支，能夠受贈已經相當開心，至於是否意味著父親某種期許，則不得而知。記得有次開車送父親到台中文化中心書法展場，停好車和父親一同前往參觀，會場入口自然有來賓簽到簿，父親簽完，我跟著父親正要轉身離開，旁邊一位父親好友則招呼著要我也簽名，在父親示意下，我只好勉強簽了。一旁的長輩一直盯著，待我簽完，他則對著父親直誇「您公子的字寫得好靚」（廣東話），我用眼角餘光撇了父親一眼，只見父親嘴角微揚撫了撫頭髮並未答話，看來應是沒有丟臉才是。仔細回憶，似乎想不起來曾經受到父親口頭上的任何讚美，…，應該沒有。

父親曾經提示過我，說我的嘴巴過於密實，將來工作職場勢必吃虧。然而江山易改本性難移，至今我似乎仍無改變，但如今看來，拙於言辭確實是吃虧的。幸好我的小孩沒有遺傳到這個缺點。記得以前常會陪著父親參加飲茶聚會，父執輩談的都是抗戰剿匪的往事，父親也都能侃侃而談，他們講得沒頭沒尾，片片斷斷，老實講有聽沒有懂，我只好顧著吃，不是很仔細聽。除了這種場合，在家裡似乎很少聽到父親論述任何事情，無論是工作、時事、戲劇、課業、人生各方面，印象中也未曾大聲訓斥過我們（至少是我）。

記得家住新營，有一天大家圍桌晚餐，因爲某個至今我依舊不清楚的原因，怪我不好，父親一氣之下隨手將腳邊的電風扇甩了出去，當下我心生委屈，顧不得後果，丟下碗筷，奔向床鋪倒頭哭泣，嘴巴還含著飯菜不知不覺也就睡著了。隔天晚餐時，我心裡則直犯滴咕，昨日的忤逆恐怕難逃責難。父親終於開口了，但不是責備，卻是一聲「對不起」。在當時的氛圍，當著所有家人面父親說出「對不起」三個字，當下我深受感動，同時有種承受不起的沉重，對我而言，既是一種補償，也是一種震撼，更重要的是一種教育。父親平常不說甚麼大道理，但是他的一言一行卻已表明，身教重於言教，父親做了最好的典範。

附錄二：父親的詩

歸視故里

其一

久別家園屢憶思　歸車未到已神馳
相迎道左無相識　此是何人問我兒

其二

清明已過悔歸遲　來祭先人盡孝忠
失散祖骸齊拾否　墳前再拜又重離

廣州小遊

瞬隔棉城四十秋　有緣重上五層樓
今朝訪舊盡為鬼　憑弔黃花淚湧流

遊華清池

車停已抵驪山麓　如畫風光盡入目
漫步迴廊繞亭臺　時花競放芬馥郁
玄宗昔日風流地　寵幸楊妃賜出浴
山顛烽火戲諸侯　元公被劫險受辱
豈因有興地運衰　時易人殊見禍福

註：周幽王為博褒姒一笑而用烽火。

登始皇陵

暴政殘民宣古無　為皇猶想成仙乎
後人竟有揚秦説　地下堪誇道不孤

登八達嶺（長城）

巍峨挺拔氣如虹　烽火臺高連碧空
似踏巨龍腰脊上　奔騰浩蕩萬山中

覽十三陵

登基無志纘明廷　宮殿原來建塚塋
不屑臨朝勤政事　英年窀穸享尊榮

註：定陵為明皇帝朱翊鈞比照宮內設備而建，日常多在陵中活動。

悼亡妻

當年烽火喜相逢　一點靈犀已暗通　更有劉郎傳九鼎　鴛盟隨唱戰雲中
桂黔湘粵越重巒　踏雪披霜共苦寒　險阻艱難皆歷遍　未聞片語道辛酸
軍書旁午不離營　後顧無憂有賴卿　兒女即今成長日　為何棄養了餘生
欹窗獨坐到更殘　眼底幾回濕又乾　每值良辰花月夜　隨人歡笑強開顏
無聲一走太匆匆　鄰里關懷問所終　誰信阿婆天國去　祇云飛美旅遊中
舍我於今恰一年　攜同兒女祭靈前　今悲語梗情難已　夢裡魂歸罄萬言

附錄三：父親的書法

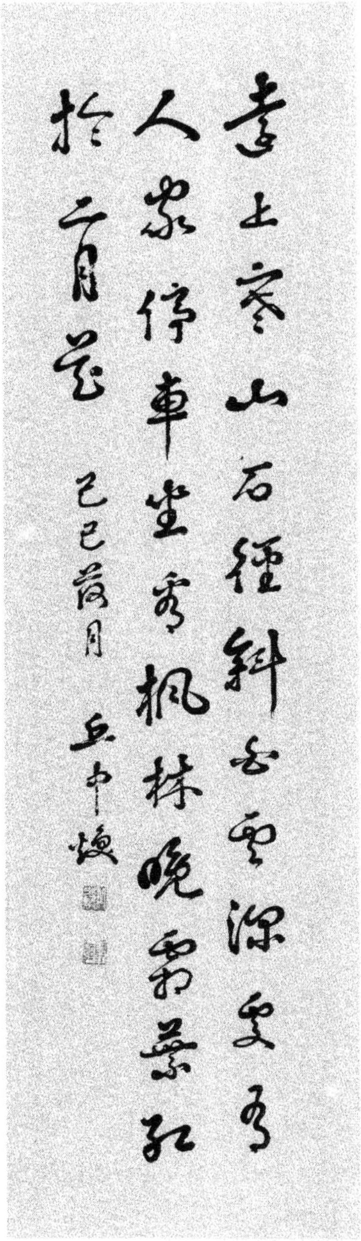

丘中煥

丘中煥

73歲廣東人。軍官、警官學校畢業。曾任國軍營團長，警察大隊長。

地址：台中市北區大義街122號之3
電話：(〇四) 二三三二六九四八

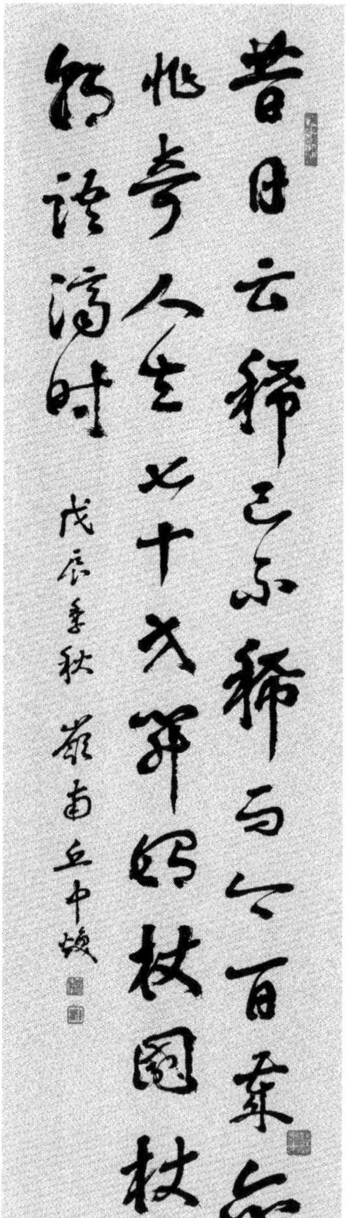

丘中煥

治家有道惟存厚　處世無奇但率眞

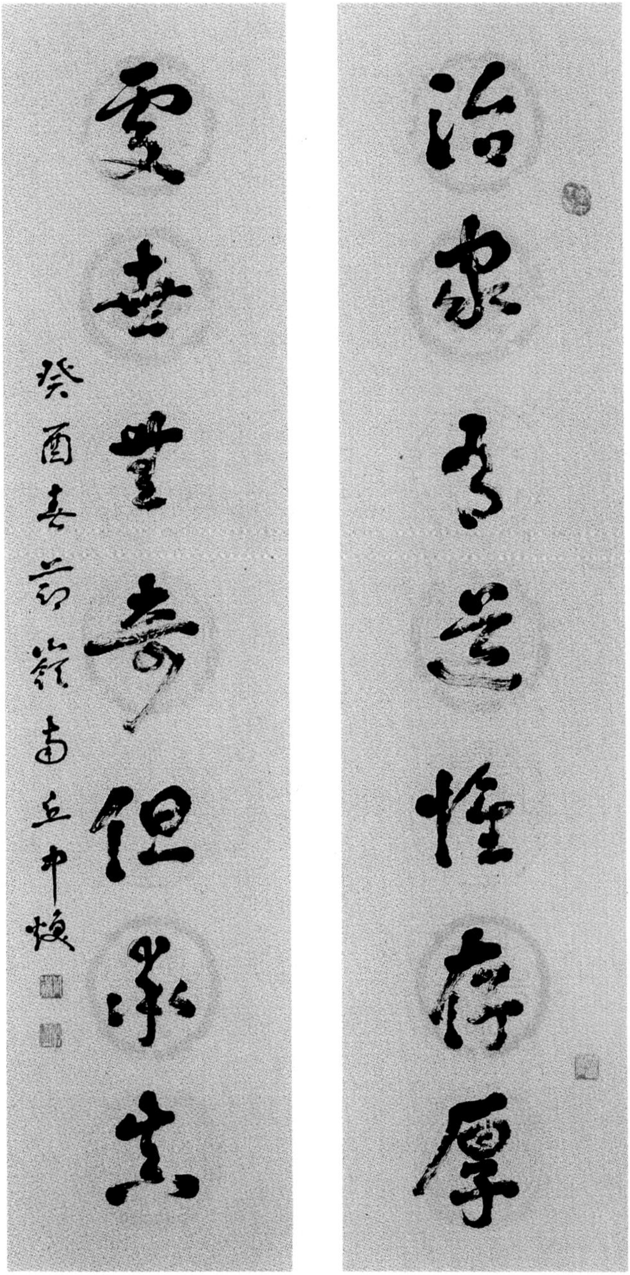

春光臨大地　浩氣滿乾坤

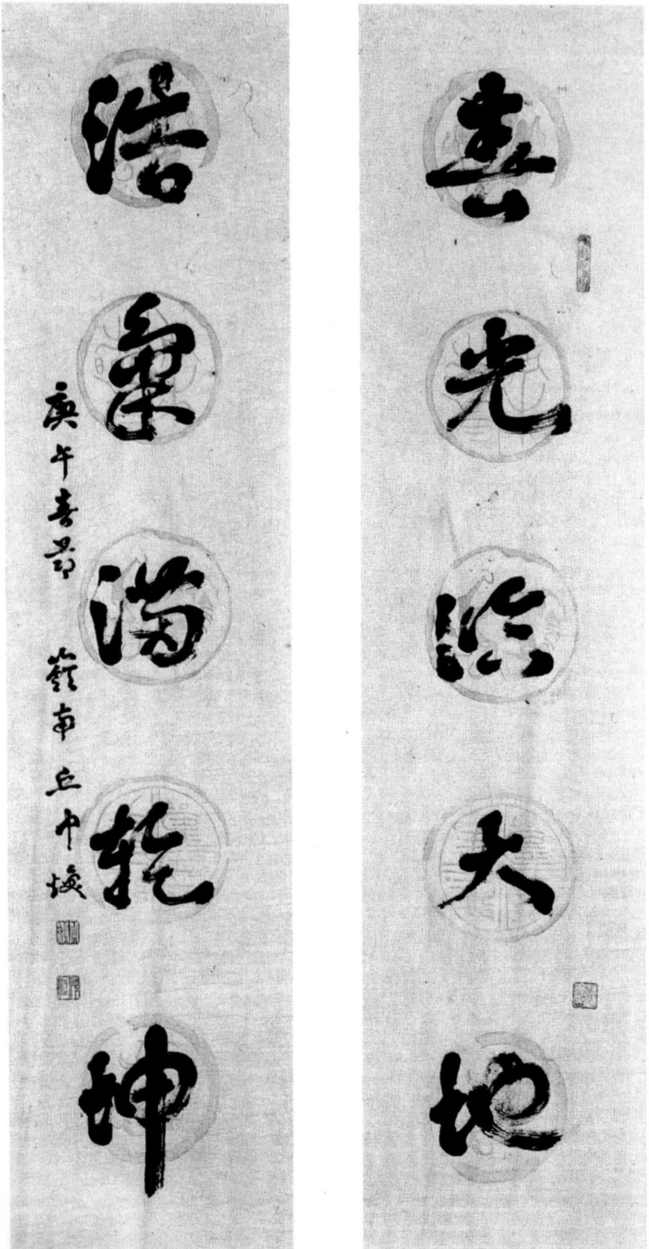

丘中煥

丘中煥

綠波春漲群魚樂

清露晨流異草香

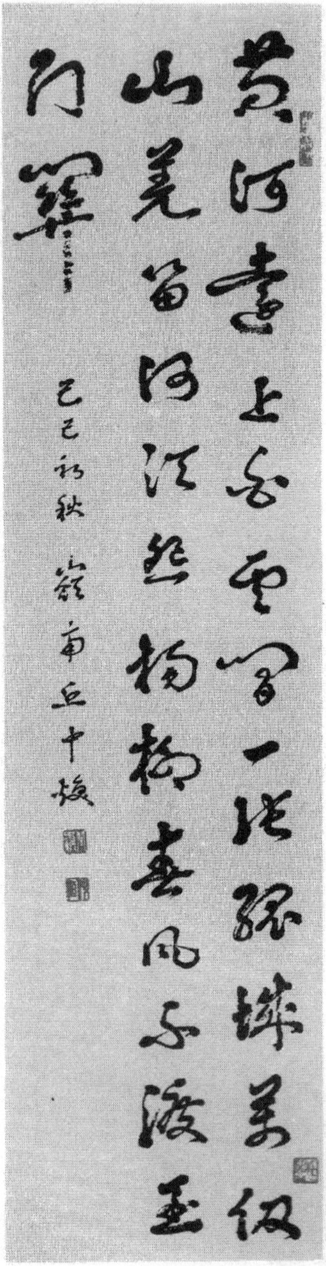

丘　中　煥

簡介／

出身軍校，曾任營團長，抗戰勝利後應國家建國必先建警之號召，乃轉中央警官學校，畢業後歷任巡官、大隊長等職，十年前退休時，曾著有「駐馬憶舊」傳記，少喜書法，退休後暇輒臨池酷愛行草，隨諸名家，宗二王。

王渙之出塞詩
（行草）

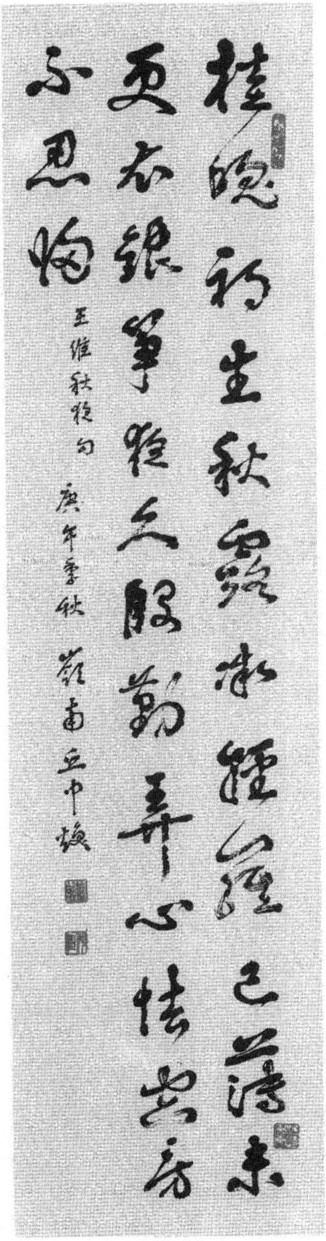

丘中煥　王維　秋夜句

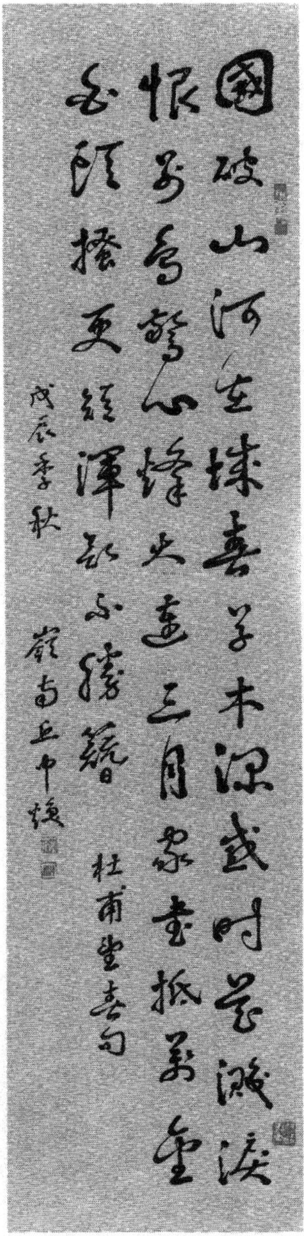

114.杜甫春望　丘中煥

附錄四：父親的手稿

後人竟有揚秦說　地下堪誇道不孤

上八達嶺（長城）七絕二首

巍峨挺拔氣如虹　烽火臺高連碧空

似踞巨龍腰背上　翱騰萬里河山中

覽十三陵（定陵）七絕二首

登基豈志興大明　早思宮廷建墳塋

不作臨朝秉政事　萬年墓裏享尊榮

趙州小橋　七絕二首

睽隔綿城四十秋　有緣重上五層樓

今朝詩舊多為鬼　憑弔黃泉淚欲流

20×25　***It is never*** *too late to learn.*

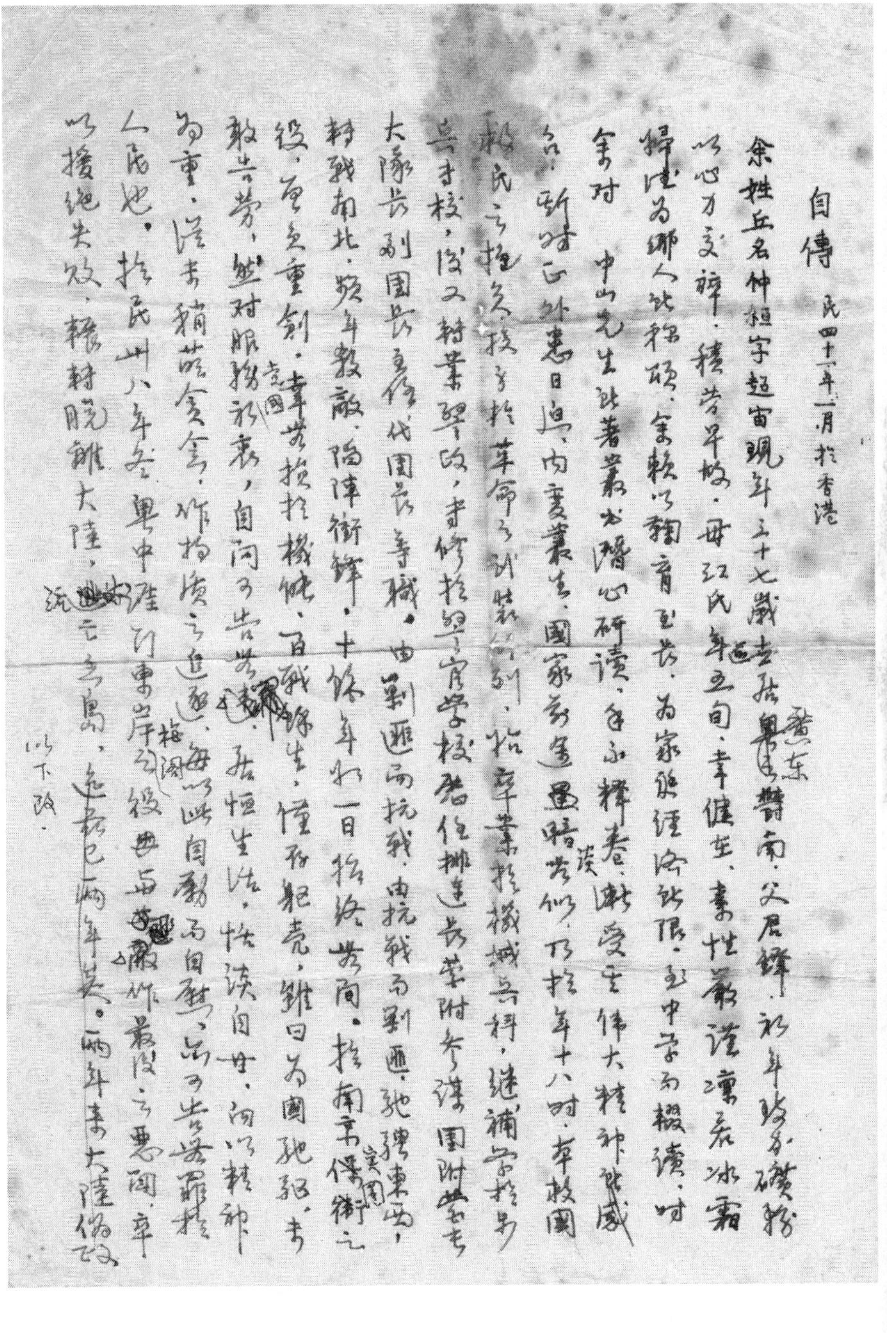

自傳　民四十一年一月於香港

余姓丘名仲恒字超宙現年三十七歲生於粵東贛南。父居鐸，初年從事礦務，以心力交瘁，積勞早故。母邱氏年逾五旬，幸健在。素性嚴謹，凜若冰霜，歸健為鄉人所稱頌。余賴以鞠育至長。為家庭經濟所限，至中學而輟讀。時余對　中山先生所著叢書潛心研讀，手不釋卷，深受其偉大精神所感召。斯時正外患日迫，內憂叢生，國家前途異常暗淡，乃於年十八時，奔赴國難，救民之[illegible]急，投身於革命之武裝行列，始卒業於機械兵科，繼補學於步兵專校，復入轉業訓練，再修於軍官學校。曾任排連長營附參謀團附營長大隊長副團長直任代團長等職。由剿匪而抗戰，由抗戰而剿匪，馳騁東西，轉戰南北，殲敵無數，陷陣衝鋒。十餘年如一日。於[illegible]間，於南京保衛之役，負重創。幸苟免於機餓、百戰餘生，僅存軀殼，雖曰為國馳驅，未敢告勞。然對服務於衆，自問可告無愧。為恒生活，恃讀自母，洵以精神為重。從未稍落貪念，作指揮之進退，每以此自勵而自慰，亦可告無罪於人民也。於民卅八年冬粵中陸河東岸之役[illegible]作最後之惡鬥，卒以援絕失敗，輾轉脫離大陸，流徙[illegible]之島，忽忽已兩年矣。兩年來大陸淪陷

以下改。